Elie Wiesel

Hoffnung

HERDER spektrum

Band 5951

Das Buch

Dem Leben treu bleiben, das ist die Botschaft Elie Wiesels. Die Erfahrung von Auschwitz hat ihn sensibel gemacht für Leid und Unrecht. Seine tiefe Verwurzelung im chassidischen Judentum mit dessen Lebensfreude und Humor hat das Lager nicht töten können. Elie Wiesel liebt die Geschichten der chassidischen Meister und kennt ihre Melancholie. Seine Romane und Texte zeugen von seinem Kampf gegen die Gleichgültigkeit, die, mehr noch als der Hass, die größte Gefährdung der menschlichen Existenz darstellt. Wiesel will für die kommenden Generationen die Erinnerung wachhalten: an die Leiden der Opfer des Menschheitsverbrechens und an die Jahrhunderte alte Überlieferung des Judentums. „Nur in der jüdischen Tradition ist es dem einzelnen Menschen erlaubt, sich gegen den Himmel zu erheben." Gott anzuklagen und anschließend im innigen Gebet sein Lob zu singen: Dieses „Und trotzdem!" ist das Schlüsselwort von Elie Wiesels menschenfreundlicher Spiritualität der Hoffnung.

Der Autor

Elie Wiesel, Schriftsteller, Professor of Humanities in Boston und Mitglied des Holocaust Memorial Council, Friedensnobelpreisträger (1986). Geboren 1928 in Sighet (Siebenbürgen), 1944 nach Auschwitz deportiert, 1945 als Überlebender der Konzentrationslagers Buchenwald befreit. 1956 Berichterstatter der Vereinten Nationen in New York. 1958 erschien sein autobiographischer Roman: „Die Nacht" und wird zum Weltbestseller und zentralen Werk, die Erfahrung des Holocaust zu beschreiben. Elie Wiesel gilt als einer der geistigen Wortführer des zeitgenössischen Judentums. Er lebt in New York und ist Autor zahlreicher Bücher. Im Verlag Herder u.a.: Die Nacht (4873); Adam oder das Geheimnis des Anfangs (4249); Noah oder die Verwandlung der Angst (4878); Der Chassidismus – ein Fest für das Leben (4768).

Die Herausgeberin

Bettina Reichmann, geb. 1978, Theologin und wissenschaftliche Mitarbeiterin im Sonderforschungsbereich 437 „Krieg und Gesellschaft in der Neuzeit" der Deutschen Forschungsgesellschaft an der Universität Tübingen. Studentin Elie Wiesels in Boston / USA (2003–2005). Lebt in Stuttgart.

Elie Wiesel

Hoffnung

Bleib dem Leben treu

Herausgegeben von
Bettina Reichmann

HERDER

FREIBURG · BASEL · WIEN

Originalausgabe

www.herder.de

Umschlaggestaltung und -konzeption:
R·M·E München / Roland Eschlbeck, Liana Tuchel
Umschlagmotiv: © corbis

Satz: Dtp-Satzservice Peter Huber, Freiburg
Herstellung: fgb freiburger graphische betriebe
www.fgb.de

Gedruckt auf umweltfreundlichem,
chlorfrei gebleichtem Papier
Printed in Germany

ISBN 978-3-451-05951-3

Inhalt

HINFÜHRUNG
Zum Leben und Werk Elie Wiesels 9

Kapitel 1
VERTRAUEN –
AM ANFANG WAR DER GLAUBE, DER GLAUBE,
DER MEINER SEELE EINST FLÜGEL WACHSEN LIESS 15

Am Anfang – Schlüssel zur Ewigkeit – Gottes Schweigen – Leidenschaft für das Wort – Die Macht des Wortes – Das Gebet – Die Tora und das Leben – Sabbat – Auf der Suche – Der Bruch – Jetzt weiß ich nichts mehr – Gott und Mensch, ein Gespräch

Kapitel 2
SCHWEIGEN –
DAS GEHEIMNIS DER WAHRHEIT
LIEGT IM SCHWEIGEN 39

Die Worte haben ihre Unschuld verloren – Schweigen ist eine Gegenwart – Wahres und falsches Schweigen – Das Geheimnis – Ayeka: Wo bist du?

Kapitel 3
KLAGEN –
UND GOTT IN ALLEM? 53

Er war nicht mehr da – Der Prozess – Man darf es nicht annehmen – Gemeinsam – Schlimmer als Leid: Gleichgültigkeit – Gott und Mensch – Gott weint

Kapitel 4
HOFFEN –
BLEIB DEM LEBEN TREU 73

Das Leben wählen – Ich weiß es nicht – Dir zum Trotz – Ich konnte weitermachen – Eher auf Wunder hoffen als resignieren – Wofür? – Man muss es versuchen – Die Verzweiflung wenden in Hoffnung – Geh an die Arbeit!

Kapitel 5
SICH ERINNERN –
DAS GEDENKEN LEBENDIG HALTEN 95

Vergiss nicht – Was ist Erinnerung? – Wiederbegegnung in Auschwitz – Erinnerung als Gebot – Nichts ist endgültig – Elchanans Gebet

Kapitel 6
SICH BINDEN –
„VERGISS NICHT, ES IST SCHABBES“ ODER
WIR MÜSSEN WISSEN, WER WIR SIND 111

Warum beten? – Stockend beten – Verlasst euch nicht auf Wunder, betet Psalmen – Nur die Toten beten nicht – Jeder Mensch hat sein Gebet – Beten heißt: die Einsamkeit durchbrechen – Gott herausfordern – Wer ist wie Du unter den Stummen? – Die Pforten öffnen – Ein Jude ist jemand, der singt – Die jüdische Berufung

Kapitel 7
ERWARTEN –
WENN DER MESSIAS KOMMT 135

Wer wird uns retten? – Die Antwort liegt in deiner Hand – Der Baal-Schem lehrt – Zu welchem Zweck – Wenn der Messias kommt – Das Wichtigste

Anhang

GLOSSAR 149

QUELLENVERZEICHNIS 155

Elie Wiesel
zum 80. Geburtstag

Hinführung

Zu Leben und Werk Elie Wiesels

Mein Vater, ein Aufgeklärter, glaubte an den Menschen. Mein Großvater, ein begeisterter Chassid, glaubte an Gott. Der eine lehrte mich sprechen, der andere singen. Beide liebten sie Geschichten. Oft, wenn ich selbst erzähle, höre ich ihre Stimmen. Ihr Flüstern ist nichts anderes als der Versuch, den Überlebenden zu bewegen, an ihre Erinnerung anzuknüpfen, über die Zeit der Qualen hinweg.

Elie Wiesel: Chassidische Feier

Elie Wiesel, 1928 in einem kleinen Städtchen in Siebenbürgen namens Sighet (heute Rumänien, damals Ungarn) geboren, wächst auf in der verzaubernden Welt des Chassidismus, einer mystisch-religiösen Bewegung des Judentums. Diese war um die Mitte des 18. Jahrhunderts in Südostpolen entstanden. Sie lebte von ihren geistigen Führern, den Rabbinern, Maggids, Zaddikim, deren Weisheit und Gebeten, deren Liebe zu Gott, dem Schöpfer des Universums und den Menschen, deren unendliches Vertrauen, Hoffnung und unstillbare Sehnsucht nach dem Messias, deren Musik, Tanz, Begeisterung und deren Melancholie Wiesel von Kind an bis heute in ihren Bann zogen: Zu hoffen wie die Chassidim es taten; den Gegenüber zu lieben wie die großen Führer ihre Schüler anhielten, es ihnen gleich zu tun; Wunder herabzubeschwören, wie sie es versuchten, all das um Gott zu begegnen. Wie ein Schwamm saugt der kleine Eliezer die unendlichen Geschichten, Legenden, Weisheiten und Lieder der großen Meister in sich auf. Wie sehr er mit ihnen und ihren Geschichten verbunden ist, davon zeugen seine eigenen Erzählungen.

Fest verwurzelt in der jüdischen Tradition war der Alltag des Jungen Eliezer gekennzeichnet vom Studieren der heiligen Bücher, vom Talmud, den Kommentaren, den Märtyrerbüchern, den Unterweisungen der Rabbis und Lehrer, dem Besuch der Synagoge am Sabbat und dem Feiern der rituellen Feste und Bräuche des Judentums.

Als Jugendlicher wird Elie Wiesel jäh aus dieser Welt des „Schtetl", wie er selbst liebevoll von seinem Heimatort spricht, herausgerissen. 1944 wird die gesamte jüdische Gemeinde von Sighet und all den anderen Dörfern dort in Viehwagons nach Auschwitz abtransportiert. Er ist 14 Jahre alt, als er die Endstation Birkenau erreicht, mit ihm seine Eltern, seine drei Schwestern, Verwandte, Freunde ... nur er und sein Vater sind noch in der Lage den Todesmarsch von Auschwitz nach Buchenwald anzutreten, allein und krank wird er von den Alliierten aus dem „Königreich der Nacht" befreit. Sein Vater stirbt kurz vor der Befreiung an Krankheit und Schwäche neben ihm im Lager. Der Rest seiner Familie ...? (Erst später findet er zwei seiner Schwestern wieder. Seine Mutter und die jüngste Schwester wurden Opfer der Gaskammern.)

In Frankreich versucht er, sich neu zu finden. Als einer der Überlebenden der Nazischlächter beginnt hier sein Suchen und Fragen. Die Vergeltung mit Hass ist für ihn keine Lösung, auch nicht die Abwendung von Gott – bis heute nicht. Er sucht nach Antworten, er beginnt zu fragen ... ein Fragen, das bis heute anhält. Die ersten zehn Jahre studiert er Philosophie, Psychologie und Literatur an der Sorbonne in Paris, als Journalist verdient er sich seinen Lebensunterhalt und beginnt zu reisen. Auch das Studium des Talmud nimmt er wieder auf, „warum hätte ich es nicht tun sollen, ich habe es immer getan", berichtet er. Vor allem seine Reisen nach Jerusalem (damals noch britisches Mandatsgebiet

Palästina) und in die ehemalige UdSSR bewegen ihn sehr. Später zieht er um nach Amerika. Dort lebt er mit seiner Frau und seinem Sohn bis heute.

Aber er schweigt – zunächst – er schweigt über die Todeslager, er schweigt über seine Erfahrungen und seine Ängste. Allein mit sich, schweigt er und hadert mit dem Gott seiner Kindheit. Er stellt ihm Fragen, klagt ihn an ... „Man kann Auschwitz weder mit Gott noch ohne Gott begreifen", so Wiesel. Deshalb bleibt er ihm verbunden. Er wendet sich nicht ab, sondern bewegt sich weiter innerhalb der Tradition. Die Weisheit des Chassidismus erhält für ihn ein neues Gewicht; die Sehnsucht nach dem Messias und seiner Erlösung wird zum Ziel- und Strebenspunkt seines Glaubens, sich dem Anderen gegenüber, dem Menschen in Not nicht zu verschließen, sondern sich ihm gänzlich zuzuwenden und seinem Leid und seinen Sorgen zuzuhören und Abhilfe zu schaffen, wie ihn die chassidischen Meister das Leben gelehrt haben, wird zum Antrieb seines Schaffens. Aus Begegnungen mit Menschen wie François Mauriac und anderen erhält er die Kraft und Einsicht, sein Schweigen zu brechen, brechen zu müssen. In seinem autobiographischen Roman *Nacht*, den er zunächst auf Jiddisch verfasst, berichtet er über seine Begegnung mit dem „Gipfelpunkt des Bösen", wie er selbst es beschreibt, seinen Erlebnissen während des Todesmarsches von Auschwitz nach Buchenwald. Ausgehend von diesem, seinem ersten Buch, rollt sich sein weiteres literarisches Schaffen aus. Seine Romane sind nicht autobiographisch und beinhalten nicht den Holocaust, jedenfalls nicht direkt. Vielmehr sind sie der Versuch, seine Erfahrungen mit Gott, den Menschen, dem Leben und dem Tod zu vermitteln. Aus seiner eigenen Erfahrung mit der Diskriminierung, dem Hass, der Vernichtung, dem Verlust, dem Tod, versucht Wiesel in seinem gesamten literarischen Schaffen, aus der Vergangenheit für die Zukunft eine Botschaft zu formulieren: eine Botschaft gegen Hass und Gewalt, gegen Gleichgültigkeit und Abstumpfung.

Immer wieder weist er darauf hin, dass das Überleben keinen anderen Sinn haben konnte, als Zeuge zu sein, zu bezeugen, was geschah, und Bote zu sein für diejenigen, die nach Auschwitz stumm sind. Seine Verantwortung ist somit eine doppelte: den künftigen Generationen gegenüber zu berichten, was geschah, zugunsten einer besseren Zukunft und den vergangenen Generationen gegenüber, die Tradition und das jüdische Erbe wach und lebendig zu halten.

Auf diesem Weg zehrt er vom Proviant, den er aus seiner Kindheit mitgenommen hat. Auf dem Weg in die Vernichtung war es ihnen nicht erlaubt, irgendetwas mitzunehmen, aber den Glauben an Gott, die Geschichten und Lieder, die Lebensweisheiten eines Rabbi Nachman von Bratzlaw oder eines Baal Schemtov oder auch seines Großvaters konnten auch die Feuerzungen der Gaskammern in den Lagern nicht vernichten. Aus diesem Proviant zehrt Elie Wiesel für sich selbst und gibt ihn weiter an die jüngere Generation. Diese doppelte Verantwortung, gekoppelt an sein konkretes Ja zu Gott, erklären wahrscheinlich sein „Und trotzdem". Und trotzdem, dem Leben treu bleiben. Und trotzdem, die Hoffnung nicht aufzugeben: schweigen und klagen – ja, aber dann, sich erinnern, sich binden und erwarten, dass aus den Erfahrungen der Vergangenheit trotz allem das Vertrauen bestehen bleibt und eine neue Hoffnung entstehen kann.

Bis heute lehrt Elie Wiesel in Boston, lebt und arbeitet in New York, wird zum Vorkämpfer für Menschenrechte auf der ganzen Welt, hält seine Leser mit seinen Romanen und Vorträgen in Atem. Bis heute hat er nicht aufgehört zu fragen. Seine Werke haben keine Antworten parat, wollen auch keine geben, sie sollen wachrütteln und zum Fragen führen.

Für seine Werke erhält er unzählige literarische Auszeichnungen, für seinen humanitären Einsatz 1986 den Friedensnobelpreis.

Mit einer unbeugsamen Hoffnung bleibt Elie Wiesel dem Leben treu!

Die Herausgeberin

1

VERTRAUEN –
AM ANFANG WAR DER GLAUBE,
DER GLAUBE, DER MEINER SEELE EINST
FLÜGEL WACHSEN LIESS

„Oifn pripitchik brent a faierle … Im Ofen brennt ein Feuer und macht das Zimmer warm. Und der Rabbi lehrt seine Kinder das Aleph-Bet … „Wenn ihr groß seid“, sagt er ihnen, „werdet ihr verstehen, wie viele Tränen, wie viel Schluchzen in diesen Buchstaben eingefangen sind.“

Elie Wiesel: Jenseits des Schweigens

Ein Nachtlied, wie es Elie Wiesels Mutter allabendlich für ihre Kinder sang. Er selbst hatte großes Vertrauen in die Worte seiner rabbinischen Lehrer und glaubte ihren uralten Weisheiten. Sein kindlicher Glaube entfaltete sich im Schoß dieser Lehrer und der jüdischen Tradition mit ihren Riten und Bräuchen, wie sie von jeher vollzogen wurden, zurückführend auf Abraham, Issak und Jakob. Seine Suche nach Gott begann mit dem Erlernen der heiligen Buchstaben, dem Aleph-Bet, durch sie und mit den Gebeten, die man aus den Wörtern formte, beginnt er seine Beziehung zu Gott, eingebettet in die jüdische Tradition und das jüdische Alltagsleben mit den Wundergeschichten und dem Zauber der Chassidim, wie es sich in seinem Schtetl Sighet abspielte.

Aus dem Aleph-Bet wurden Worte. Aus den Wörtern die Sprache der Tora, die heiligen Worte, von Gott selbst geschickt, aber auch die Sprache des menschlichen Gebets, an Gott gerichtet. Die Tora als Offenbarung Gottes, aber auch als Lebensbuch für jeden gläubigen Juden. Gott erlebe man nicht in der Tora, sondern Gott muss mit der Tora erlebt werden, wie er von einem seiner Lehrer hört. Das geschriebene, lebendige Wort, Gott und das Kind auf der Suche, so beginnt der Weg des noch sehr jungen Eliezer …

Der Macht der Worte, dem schöpferischen Gestalten durch Sprache, Dinge bewegen zu können im positiven und im negativen Sinn steht die Macht des Schweigens gegenüber. Wie Gott selbst zunächst schwieg und sich sammelte, bevor er mit dem Wort den Anfang setzte, so lernte auch Wiesel zu schweigen, sich zu versenken, mystische Erfahrungen zu sammeln, um seinem Gott ein Stück näher zu kommen. Das Beten als der menschliche Vollzug, mit Gott in Beziehung zu treten, ihn zu bitten, zu loben, zu fragen; die Sehnsucht nach dem Messias und der Erlösung, dem Ende des Exils und des Lebens in der Diaspora, wie die Geschichten des Großvaters und der chassidischen Meister es bezeugten, auszudrücken und daran zu glauben, davon ist die Kindheit Elie Wiesels geprägt.

Er vertraut seinen Eltern, den Lehrern, der Tradition und Gott ...

Mit den Erfahrungen der Konzentrationslager Auschwitz und Buchenwald, dem Hass und dem Tod erfährt dieses kindliche Urvertrauen einen folgenschweren Bruch. Zutiefst enttäuscht von Gott und der Menschheit, das Vertrauen verloren, bieten die alten Wahrheiten keinen Halt mehr. Der Gott der Kindheit scheint mit den Flammen von Auschwitz in alle Ewigkeit verdammt worden zu sein ...

Am Anfang

Am Anfang ist der Mensch allein. Wie Gott. Als er die Augen öffnet, fragt er nicht, wer bin ich? Sondern, wer bist Du?

Adam

Für uns Juden ist der Anfang eine grundlegende Notwendigkeit. Der Beginn beschäftigt uns mehr als das Ende. Wie Walter Benjamin es sagte, tauchen wir rückwärts in die Zukunft ein. Ich persönlich suche mich in der Vergangenheit: Es ist das Kind in mir, das oft mein Handeln bestimmt, fast möchte ich sagen, dass es mich beurteilt. Ist das Kind in mir heute glücklich? War es das früher? Das sind die Fragen, die ich mir stelle.

Nachlese

Ich komme nicht aus dem Nichts, ich bin zwar nur ein Zweig, aber der Baum ist groß, und seine Wipfel ragen in die Wolken.

Alle Flüsse

Irgendwo in den Karpathen, am anderen Ende meines Lebens, spricht ein jüdisches Kind seine täglichen Gebete. Es schließt, um sich besser konzentrieren zu können, die Augen und wiegt sich vorwärts und rückwärts, um den Rhythmus seines gewöhnlichen Tagesablaufs hinter sich zu lassen. Dann, kurz vor Beendigung seiner Gebete, wiederholt es die dreizehn Glaubensartikel, wie sie sieben Jahrhunderte zuvor ein Arzt aus Cordoba, der große Philosoph und Gesetzeslehrer Moses, Sohn des Maimonides, formuliert hatte – klare und unumstößliche Prinzipien, die allen, die seiner bedürfen, als Halt dienen: „Ich glaube an Gott, einzigen Schöpfer und einzige Quelle jeglichen Handelns ... ich glaube, dass er der Erste und Letzte ist, dass jede Strafe und jede Belohnung von ihm kommt. Kein Gesetz kann das seine ersetzen. Ich glaube an die Ankunft des Messias, auch wenn er auf sich warten lässt. Ich werde Tag um Tag auf ihn warten.“

Ich betrachte das betende und ängstlich umherblickende Kind, ich lausche und habe Sehnsucht. *Macht Gebete*

Wenn eine jüdische Mutter zwischen Dnjepr und Weichsel fragte, was sie sich von ihren Kindern erträume, dann antwortete sie stets: „Alles, was ich wünsche, ist, dass sie als gute Juden heranwachsen.“ Was bedeutete es, ein guter Jude zu sein? Es hieß, das Schicksal des jüdischen Volkes ganz und ungeteilt auf sich zu nehmen, hieß, ihm in all seinen Formen verbunden zu sein, hieß, in mehr als einer Epoche zu leben, auf mehr als ein Wort zu hören, sich in mehr als ein System einzufügen, hieß die Lehre Hillels ebenso zu übernehmen wie die Schammais und sich für Rabbi Akiba nicht weniger zu begeistern als für seinen Gegner Rabbi Ischmael. Ein guter Jude sein, hieß, sich an den Tagen der Feste zu freuen und an den Abenden der Trauer zu trauern, hieß bereit zu sein, sich für die Heiligung seines Namens zu opfern, sogar ohne sicher zu sein, dass Er es sei, der dies verlangt, dass nicht Er es sei, der dem Henker seine Macht oder sein Recht gab ... *Macht Gebete*

Für das Kind, für mich war das damals einfach und leicht. Weil ich Gott aus ganzem Herzen liebte, glaubte ich an ihn. Dadurch, dass ich das Exil beklagte, stellte ich mich darauf ein. Ich liebte meine Eltern, bewunderte meine Meister, ich besaß, wie man sagt, den Glauben. Und wenn ich ihn einer Prüfung unterzog, geschah es, weil ich beunruhigt war, ich könnte ihn nicht voll und ganz besitzen. Meinen Platz in der Welt der Zufälligkeiten, mein Ziel in diesem vergänglichen, von Gott geschaffenen Leben, kannte ich. Der Mensch hatte die Welt freundlicher zu machen und der Erlösung näher zu bringen. War dieser Anspruch etwa übertrieben? Jude zu sein bedeutete für uns in der Diaspora doch, den tiefsten Abgrund, die schlimmsten Qualen der letzten Hoffnung zu erfahren. Der Messias als Gefangener dort oben in göttlicher Zeit konnte nur hier unten und durch den Menschen befreit werden. Die Tora, das Werk Gottes, entgleitet Gott, und die, die sie studieren, sind die Einzigen, die imstande sind, sie zu erklären. Wenn das ein gefährliches Paradox ist, dann war das Leben für uns ein Paradox, und die Gefahr hatte keinen Schrecken für uns.

Macht Gebete

Schlüssel zur Ewigkeit

Mein erster Lehrer, der Batiser Rebbe, ein sanftmütiger Greis, dessen schneeweißer Bart das Gesicht fast überwucherte, brachte uns die zweiundzwanzig heiligen Buchstaben des Alphabets bei und sagte: „Kinder, hier habt ihr den Anfang und das Ende aller Dinge. Tausend und abertausend Werke sind mit diesen Buchstaben geschrieben worden oder werden noch mit ihnen geschrieben. Seht sie euch gut an, lernt sie mit Hingabe: Sie werden euer Schlüssel zum Leben sein. Und der Schlüssel zur Ewigkeit."

Als ich das erste Wort laut las, *Bereschit* (im Anfang), hatte ich das Gefühl, in ein fremdes Universum einzutreten, verzaubert zu werden. Als ich den Sinn des ersten Verses erfasste, überkam mich ein unbändiges und unbekanntes Glück: „Gott schuf die Welt mit den zweiundzwanzig Buchstaben des Alphabets", lehrte uns der alte Meister, der genaugenommen gar nicht so alt war. „Geht achtsam damit um, dann werden sie auf euch Acht geben. Sie werden euch überall hin begleiten. Sie werden euch zum Lachen und zum Weinen bringen. Besser gesagt: Sie werden weinen, wenn ihr weint, und sie werden lachen, wenn ihr lacht. Und wenn ihr fleißig seid, werden sie euch den Weg zu den verborgenen Heiligtümern eröffnen; dort wird alles zu ..." Diesen Satz hat er nie beendet: Dort wird alles zu ...? Staub? Wahrheit? Leben?

Alle Flüsse

Gottes Schweigen

Wenn das Wort Gottes ewig ist, ist sein Schweigen nicht weniger ewig, vielleicht sogar mehr. Vor dem „Gott sprach", vor dem „Im Anfang schuf", was gab es davor? Die Schöpfung, die durch das Wort hervorgerufen wurde, war im Schweigen verankert. Aus dem Schweigen wurde das Wort geboren, das göttliche Wort. Aber was tat Gott, bevor er es aussprach? Er wartete. Ja, er wartete. Wartete, bis das Schweigen zerbrach und dem Wort Einlass gewährte.

Geschichten gegen die Melancholie

Wer sich in die Schöpfung versenkt, muss allein sein und schweigen. Hier geht es um eine Frage, die Sprache und Fassungsvermögen übersteigt. Wer sie anschneidet läuft Gefahr, eines Tages von der Gegenwart abgeschnitten zu werden und für immer einsam und stumm zu bleiben. *Adam*

Leidenschaft für das Wort

Als der Bescht bestraft wurde, weil er versucht hatte, die Erlösung zu beschleunigen, vergaß er sein Lehramt und seine ganzen Fähigkeiten wurden ihm genommen. „Sprich ein Gebet", flehte ihn sein Diener an. – „Welches?" fragte der Bescht, „ich habe alle vergessen. Und du?" – „Ich auch", sagte der Diener, „ich erinnere mich lediglich an das Alphabet ..." Und der Bescht rief: „Aber was wartest du dann? Sag mir das Alphabet und ich will es nach dir wiederholen." Und er sagte die Buchstaben des Alphabets mit solcher Inbrunst auf, dass ihm sein Wissen und seine Fähigkeiten wiedergegeben wurden. *Macht Gebete*

Es gibt wenige alte Kulturen und moderne Zivilisationen, die von so einer starken Leidenschaft für das Wort geprägt sind.

Nicht die Arche hat Noah gerettet, berichtet eine chassidische Legende, sondern das Wort, denn im Hebräischen bedeutet *Tewah* sowohl Arche als auch Buchstabe. Um Noah vor der Sündflut zu retten, befahl Gott ihm, sich eine Sprache zu machen, die ihm als Obdach und Zuflucht dienen werde.

Als das jüdische Volk zuerst von den Babyloniern, dann von den Römern aus seinem Land verjagt wurde, nahm es nur ein paar in einem Buch aufbewahrte Gesetze, einige Erinnerungen und Gebräuche mit, ihnen verdankte es, dass es den Versuchungen widerstehen und die Versuchungen bestehen konnte. Dank dem Talmud konnte es fern von Jerusalem dennoch in Jerusalem leben. Draußen auf dem Markt wetzen die Mörder ihre Messer, aber nur wenige

Schritte entfernt im Bet- und Lehrhaus vertieften die Weisen und ihre Schüler sich in dieses oder jenes Thema, in diese oder jene Abhandlung, die Ereignisse behandelten, die vor mehr als tausend Jahren stattgefunden hatten. Durch die Erinnerung des Wortes und auch durch das Wort der Erinnerung mit dem Königreich Davids verbunden, hielten die Verbannten dieses Reich am Leben, indem sie davon erzählten und für seine Wiederherstellung beteten.

Macht Gebete

Ein Ausspruch Rabbi Mendels von Riminow:

„Unnütze Worte sprechen, heißt einen Mord begehen."

Worte

Der Gedanke ist dem Wesen nach unendlich", sagt Rabbi Wolf von Schitomir, „und das Wort setzt ihm Grenzen. Warum aber sucht der Mensch sich auszudrücken? Ich will euch sagen, weshalb: Zweck des Wortes ist es, den Gedanken zu vermenschlichen."

Worte

Die Macht des Wortes

Eine talmudische Legende von ernster und ergreifender Schönheit berichtet vom Märtyrertod des großen Rabbi Hananya, Sohn des Tradyon. Die Römer hatten ihn, weil er öffentlich die Lehren der Tora verbreitet hatte, zum Tod auf dem Scheiterhaufen verurteilt. Sie wickelten ihn in die heiligen Rollen und steckten sie in Brand. Seine Schüler, die dabei standen, fragten ihn: „Meister, was siehst du?" Er antwortete: „Ich sehe, wie das Pergament verbrennt, aber die Buchstaben sehe ich durch die Luft schweben." Die Buchstaben bleiben nämlich unzerstörbar, vor dem Wort wird der Feind ewig ohnmächtig sein.

Vielleicht haben die Mystiker Recht, wenn sie nur einen einzigen Satz, Gebet oder Anrufung, einen Tag lang, ein Leben lang wiederholen. Tausend mal eins, das ist eins und nicht tausend. Doch eins mit tausend multipliziert ist etwas anderes als eins multipliziert mit zehn oder mit eins. Wenn man ein Wort, ein einziges, im Sprung nimmt, kann man das Geheimnis der Schöpfung, den Mittelpunkt entdecken, an dem alle Fäden zusammenlaufen. *Die Pforten des Waldes*

Du bist ein Schriftsteller?, sagte der alte Rabbi Jischmael; dann, mein Sohn, sei sehr vorsichtig – sei vorsichtig mit Wörtern. Wenn du einen einzigen Buchstaben weglässt oder hinzufügst, wird die ganze Welt zerstört. … Wenn ein Fehler die Zerstörung der Welt bewirken kann, warum dann überhaupt schreiben?

Natürlich ist das übertrieben, aber die Übertreibung selbst bedeutet etwas. Was war der Sinn? Im Anfang, so wird uns berichtet, wurde die Schöpfung an die Sprache gebunden. Gott brauchte die Sprache, um die Welt zu schaffen. Und wirklich sagt der Talmud: Warum tat Gott es nicht in Gedanken? Wenn Gott gedacht hätte, dass die Welt geschaffen werden sollte, das hätte genügt. Warum benutzte Gott die Sprache? In der Tat: um die Sprache an die Schöpfung zu binden. Mit Worten schaffen wir, und heute wissen wir auch, dass wir mit Worten zerstören. Das bedeutet, dass Zerstörung und Schöpfung an Sprache gebunden sind, Leben und Tod sind abhängig von Sprache, Hoffnung und Furcht können eine Folge von Sprache sein.

Erinnerung als Gegenwart

Das Gebet

Herr", erklärte eines Tages Rabbi Levi Itzhak von Berditschew, „ich möchte dir einen Handel vorschlagen. Ich würde gerne die Litaneien und Lobgesänge verfassen, die dir gebühren, aber ich bin kein Schriftsteller. Dafür gebe ich dir die Zweiundzwanzig Buchstaben deiner heiligen Sprache, du verstehst besser mit ihnen umzugehen als ich."

Denn jedes Wort enthält etwas Heiliges, und jedes Wort muss zum Heiligen hinstreben. Die Worte, die wir heute sprechen, haben Isaias und Jeremias unter anderen Zeitumständen und unter einem anderen Himmel gesprochen, und wenn unsere Worte anders klingen, so ist das unser Fehler. Wir vergessen, dass Gott uns hört. Er hört uns wirklich zu, um uns zum Sprechen zu ermuntern. Wenn wir sagen, dass unsere Gebete zum himmlischen Thron aufsteigen, dann bedeutet das, dass sie dort aufgenommen werden wie Kinder, die von einer langen Reise zurückgekehrt sind. Beten heißt Reue empfinden, heißt zu sich selbst zurück zukehren.

Macht Gebete

Ein Leuchtturm ist das Gebet für den Irrenden und den Träumer auf der Suche nach Träumen, Öffnung ist es für die Seele auf der Suche nach Schweigen oder Verzückung; das Gebet ist etwas, dessen der Mensch am meisten bedarf, um sich zu verwirklichen oder um über sich hinaus zu gelangen.

Macht Gebete

Das Gesetz, von Gott selber dem Menschen anvertraut, kommt von oben. Mit dem Text des Gebetes verhält es sich anders, es kommt vom Menschen. Wenn der Glaubende einen liturgischen Text wiederholt, dringt er vor bis zu dessen Autor, und wenn er ihn oft genug wiederholt, macht er ihn sich ganz zu eigen, wird er fast zu dessen Autor.

Anders ausgedrückt, es gehört zum Menschen, dass er jedes Gebet zu seinem eigenen macht, indem er es neu erschafft, ihm seine ursprüngliche Kraft zurückgibt, seine Aktualität, seine Dringlichkeit.

Macht Gebete

Die Tora und das Leben

Gehst du zur Schule?"

„Natürlich."

„Zu welchem Zweck?"

„Um zu lernen."

„Was zu lernen?"

„Die Tora", sagte ich mit beginnendem Unbehagen.

„Die Tora ist das Leben, und das Leben muss gelebt werden; man lernt es nicht aus Büchern, innerhalb der vier Wände."

„Ich habe geglaubt, die Tora ist mehr als das Leben, da Gott selbst sich ihren Geboten unterwirft …"

„Auch Gott, mein Kleiner, muss man erleben. Leben, erleben, und nicht aus Büchern lernen, innerhalb der vier Wände."

Schwur von Kolvillág

Von Rabbi Mendel stammt das folgende Wort:

„Dies sind die drei Grundregeln, die das Verhalten des Menschen bestimmen: Er muss lernen, aufrecht zu knien, unbewegt zu tanzen und lautlos zu schreien."

Geschichten gegen die Melancholie

Sabbat

Ich sehe Großmutter Niseel noch vor mir: ihr mageres, blasses, fast weißes, schon durchscheinendes Gesicht, das immer vom selben schwarzen Kopftuch eingerahmt wurde. Und ihre Augen, ich erinnere mich an ihre Augen. Wenn sie auf mir ruhten, schienen sie einen anderen Elieser zu sehen. Und wenn sie mir zulächelte, galt ihr Lächeln ihm.

Der Freitag war unser Tag. Ich kam vom Cheder und ging bei ihr vorbei. Vom Fenster aus, wo sie herumwirtschaftete, rief sie mir zu: „Elieser ... komm, mein Kind, ich habe auf dich gewartet." Sie hielt ein Stück ofenfrischen, warmen Hefezopf für mich bereit; mit gefalteten Händen vor mir sitzende, glücklich und zufrieden, schaute sie zu, wie ich mich wusch und das passende Gebet sprach. Ein kleiner Funke tanzte in ihren Augen. Sie wollte sprechen, etwas fragen, doch es gelang ihr nicht. Zweifellos hatte sie in dieser Haltung auch vor ihrem Mann gesessen: bescheiden, ehrerbietig und bereit, seine Worte als ein Geschenk entgegenzunehmen. Seltsamerweise bekümmerte mich ihr Schweigen nicht. Während ich aß, sah ich sie an. Ich beobachtete sie. Nach einer Viertelstunde stand ich schließlich auf: „Ich muss nach Hause, Großmutter, sonst verpassen wir noch den Sabbat."

Alle Flüsse

Wie ein seidener Purpurmantel öffnet sich der Sabbat schon am Freitag, bei Sonnenuntergang. Dann veränderte die Stadt ihr Gesicht. Die Kaufleute schlossen ihre Läden, die Kutscher fuhren mangels Fahrgäste nach Hause, die Frommen gingen zum rituellen Bad, um den Leib zu reinigen. Der Sabbat ist einer Königin vergleichbar: es ist gut, einen reinen Leib und eine reine Seele zu haben, um ihres Besuchs würdig zu sein. Der Sabbat ist das Wesen des Judentums, er ist die göttliche Offenbarung in der Zeit.

Aus Fenstern und halb geöffneten Türen dringt dasselbe Empfangslied in die verlassenen Straßen: „Friede mit euch, ihr Engel des Friedens; Friede bei eurem Kommen und Friede bei eurem Gehen."

Am Freitagabend leidet in Szerencsevàros niemand Hunger. Selbst minderbemittelte Familien haben einen weißgedeckten Tisch und darauf Brot, Wein und brennende Kerzen, eine Kerze für jede lebende Seele des Hausstandes. Wer allein, wer im Städtchen fremd ist, wird von den Einwohnern eingeladen, um das Mahl mit ihnen zu teilen.

Gezeiten des Schweigens

Auf der Suche

Eines Tages hatte ich meine Großmutter gefragt:

„Wie stellt man es an, um winters in seinem Grab nicht zu frieren?"

Meine Großmutter war eine einfache, fromme Frau, die überall Gott sah, selbst im Bösen, selbst in der Sünde, selbst in der Ungerechtigkeit. Bei keinem Ereignis war sie um ein Gebet verlegen. Ihre Haut war weiß wie Wüstensand. Auf dem Kopf trug sie ein riesiges, schwarzes Tuch, von dem sie sich nie trennen zu können schien.

„Wer Gott nicht vergisst, friert auch im Grab nicht", sagte sie.

„Wer hält ihn warm?" Ich ließ nicht locker.

Ihre dünne Stimme sank zu einem Flüstern; es musste ein Geheimnis sein.

„Der liebe Gott." Ein gütiges Lächeln erhellte ihr Antlitz bis zum Rand ihres Kopftuches, das ihre Stirn zur Hälfte bedeckte. So lächelte sie immer, wenn ich ihr eine Frage vorlegte, die ihr selbstverständlich schien.

„Heißt das, dass der liebe Gott mit den Männern und Frauen, die man beerdigt, im Grabe liegt?"

„Ja", bestätigte meine Großmutter. „Er hält sie warm."

Ich erinnere mich, dass mich trübe Trauer beschlich. Ich bekam Mitleid mit Gott. Ich sagte mir: Er ist unglücklicher als der Mensch, der nur einmal stirbt, den man in ein einziges Grab bettet.

„Großmutter, sag, stirbt Gott auch?"

„Nein, Gott ist unsterblich."

Ihre Antwort traf mich mitten ins Herz. Ich hätte am liebsten geweint. Gott – lebendig begraben! Ich hätte die Rollen umkehren, ich hätte denken mögen, dass Gott sterblich und der Mensch unsterblich ist, dass, wenn ein Mensch zu sterben vorgibt, es Gott ist, auf den man Erde schüttet.

Der Tag

Barmizwa – Ein neues Leben beginnt. Auf der Suche nach Gott vergesse ich seine Schöpfung. Der Satz stammt, glaube ich, von Renan. Den Griechen die Vernunft, den Römern die Macht, den Juden die Gottgefälligkeit. Ich suche Gott überall, lauere ihm überall auf, besonders an geheiligten Orten, als ob er sich dort versteckte. Hatte Giordano Bruno recht, als er sagte, das Licht sei der Schatten Gottes? Ich suche Ihn, um Ihn stärker zu lieben, suche Ihn überall, um seiner Gaben teilhaftig zu werden, um Sein Leiden in unserem Exil zu teilen: Ich suche Ihn in den Gebetsräumen der Schneider und der Schuhmacher wie in der großen Synagoge und in den Lehrhäusern der Armen.

Alle Flüsse

Wie die Chronik berichtet, wurde der berühmte Rabbi Schne'ur Salman von Ladi verhaftet und ins Gefängnis von St. Petersburg eingesperrt, weil ein Gegner der chassidischen Bewegung ihn der Hetze gegen den Zaren beschuldigt hatte. Eines Tages besuchte ihn der Gefängnisleiter in seiner Einzelzelle und sagte:

„Ich habe gehört, Sie seien ein Rabbi, ein großer Meister. Sie kennen also die heiligen Schriften und die Bibel. In der Genesis gibt es eine Stelle, die ich nicht verstehe. Sie können sie mir bestimmt erklären. Es heißt dort, Adam sei, nachdem er von der verbotenen Frucht gekostet habe, geflohen und habe sich so gut verborgen, dass Gott fragen musste: ‚*Ayeka* – wo bist du?' Ist es möglich oder überhaupt vorstellbar, dass der Schöpfer der Welt nicht gewusst hat, wo Adam steckte?“ Darauf antwortete der Rabbi mit einem Lächeln:

„Der Herr, gelobt sei sein Name, wusste es. Doch Adam wusste es nicht.“

Dann fragte Rabbi Schne’ur Salman zurück:

„Glauben Sie, dass die Bibel ein heiliges Buch ist?“

„Ja.“

„Und glauben Sie auch, dass sie sich an die Menschen aller Zeiten wendet und damit auch an uns?“

„Ja, das glaube ich.“

„Dann will ich Ihnen den wahren Sinn der Frage erklären, die Gott Adam stellte. *Ayeka* bedeutet: Wo stehst du in dieser Welt? Wo ist dein Platz in der Geschichte? Welchen Anteil hast du mit deinem Leben daran, Adam? Diesen grundsätzlichen Fragen muss sich jeder Mensch eines Tages stellen.“

… und das Meer

Der Bruch

Nie werde ich diese Nacht vergessen, die erste Nacht im Lager, die aus meinem Leben eine siebenmal verriegelte Nacht gemacht hat.

Nie werde ich diesen Rauch vergessen.

Nie werde ich die kleinen Gesichter der Kinder vergessen, deren Körper vor meinen Augen als Spiralen zum blauen Himmel aufstiegen.

Nie werde ich die Flammen vergessen, die meinen Glauben für immer verzehrten.

Nie werde ich das nächtliche Schweigen vergessen, das mich in alle Ewigkeit um die Lust am Leben gebracht hat.

Nie werde ich die Augenblicke vergessen, die meinen Gott und meine Seele mordeten, und meine Träume, die das Antlitz der Wüste annahmen.

Nie werde ich das vergessen, und wenn ich dazu verurteilt wäre, so lange wie Gott zu leben.

Nie. *Die Nacht*

Jetzt weiß ich nichts mehr

Irgendwo gehen ein Vater und sein Sohn auf einen Altar zu, auf dem schon das Opferfeuer brennt, irgendwo weiß ein verträumter Knabe, dass sein Vater unter den verborgenen Blicken Gottes sterben wird, irgendwo erinnert sich ein Erzähler und fühlt sich von einer uralten namenlosen Traurigkeit ergriffen und möchte weinen. Er sah Abraham und Issak dem Tod entgegengehen, und der Engel, ganz damit beschäftigt, das Lob des Herrn zu singen, kam nicht, um sie der schwarzen und schweigenden Nacht zu entreißen.

Adam

Herr, Du, der Du Himmel und Erde erschaffen hast, warum hast Du sie sich verfeinden lassen? Warum hast Du beschlossen, Dich in die himmlischen Sphären zurückzuziehen, während die Menschen Deine Gegenwart brauchten, mehr denn je? Du Herr, der uns befohlen hat, den siebten Tag der Woche zu heiligen, wo bist Du, um unsere Gaben anzunehmen? Du Herr, der uns geboten hat, an die vergangene Woche ebenso wie an die kommende zu glauben, warum hast Du es erlaubt, dass die Mörder sich zwischen uns und diesen Glauben stellen, zwischen uns und Dich? *Wayekhulu haschamayim* – und die Himmel stürzten ein, und ebenso die Erde. Denn Gott hat aus Gründen, die Sein Volk nicht kennt, Sein Werk zu früh beendet, ohne zuvor dem Bösen seine Macht zu nehmen ...

Sechs Tage der Schöpfung

Ich wusste als Kind, dass Gott zugleich nahe und fern war, großmütig und streng und unerbittlich und milde zugleich. Ich wusste, dass ich zu seinem auserwählten Volke gehörte – auserwählt, um ihm durch das Leiden und gleichzeitig durch die Hoffnung zu dienen. Ich wusste, dass ich mich im Exil befand und dass das Exil total, universal, ja sogar kosmisch war. Ich wusste ebenso, dass das Exil nicht von Dauer sein, dass es sich in der Erlösung vollenden würde. Ich wusste so viel von so vielen Dingen. Ich wusste vor allem, wann ich mich freuen, wann ich wehklagen musste: ich zog nur den Kalender zu Rate, darin stand alles.

Jetzt jedoch weiß ich nichts mehr. *Worte*

Mein Glaube an das Leben war mit Asche bedeckt. Mein Glaube an den Menschen war voller Hohn, war kindisch und steril. Mein Glaube an Gott erschüttert. Dinge und Wörter hatten ihre Bedeutung, hatten ihre Achse verloren. Ein Bild aus der Kabbala beschrieb mir meinen damaligen Seelenzustand: Die ganze Schöpfung hatte sich von ihrem Mittelpunkt verrückt, um in die Verbannung zu gehen. Auf wen sollte ich mich stützen, woran mich klammern? *Worte*

Gott und Mensch, ein Gespräch

Die Legende berichtet, der Mensch habe eines Tages folgendermaßen zu Gott gesprochen: „Lass uns die Rollen vertauschen. Sei du Mensch, und ich will Gott sein. Nur eine Sekunde lang."

Gott lächelte sanft und fragte: „Hast du keine Angst?"

„Nein. Und du?"

„Ich habe Angst", sagte Gott. Trotzdem gab er dem Wunsch des Menschen nach und wurde Mensch. Dieser nahm den Platz Gottes ein und machte unverzüglich von seiner Allmacht Gebrauch: er weigerte sich, an seinen vorherigen Platz zurückzukehren. Daher waren weder Gott noch der Mensch das, was sie zu sein schienen.

Jahre vergingen, Jahrhunderte, vielleicht auch Ewigkeiten. Und dann plötzlich war das Drama da. Die Vergangenheit war für den einen, die Gegenwart für den anderen eine zu große Last. Da aber die Befreiung des einen an die des anderen geknüpft war, nahmen sie ihre Zwiesprache wieder auf, deren Echo in der Nacht zu uns dringt, voll von Hass, von Reue und vor allem von unendlicher Sehnsucht.

Gezeiten des Schweigens

2

SCHWEIGEN – DAS GEHEIMNIS DER WAHRHEIT LIEGT IM SCHWEIGEN

Es geschah während eines Sabbatmahls. Unser Meister hatte den Vorsitz und sagte kein Wort, und wir, die wir an seinem Tisch saßen, schwiegen ebenfalls. Nur die Fliegen, die an den Wänden summten, waren zu hören, und dann hörten wir auch sie nicht mehr. Wir hörten, wie die Schatten in den Raum drangen, sich auf die brennenden Gesichter der Chassidim legten, und dann hörten wir nichts mehr. Nur noch das Schweigen, das vom Rabbi ausging und das sich mit unserem Schweigen verband, hörten wir, ein tiefes und edles Schweigen, ein bewegendes, von Schönheit und Freundschaft geprägtes Schweigen. Selten habe ich eine so innige Gemeinschaft erlebt.

Elie Wiesel: Chassidische Feier

Die Kunst des Schweigens gehört wie der lebensfrohe Tanz und die Musik zu einer bestimmten Richtung im Chassidismus. Bereits als kleiner Junge interessiert sich Wiesel für die Kraft, die man aus der Begegnung mit der Stille schöpfen kann. Er übt sich in der Meditation, aus der heraus er sich eine tiefere Begegnung mit Gott erhoffte. Damals wusste er noch nicht, dass es auch ein unfreiwilliges, verzweifeltes Schweigen geben kann …

Die erste Zeit nach den Schrecken von Auschwitz war von Einsamkeit geprägt. Seine Familie, Freunde, die gewohnte Umgebung, alles war in Hass und Rauch aufgegangen. Die farbenfrohe Welt der Chassidim gab es nicht mehr – für immer zerstört. Der Gott der Kindheit schien sich in die Einsamkeit zurückgezogen zu haben. Er hatte in Auschwitz geschwiegen, er schwieg jetzt, also wurden das Schweigen und die Einsamkeit auch zu Wiesels Begleitern. „Die magische Kraft" der Worte hatte ihren Zauber verloren. Die Worte und die Hoffnung, die vorher wie ein Geschwisterpaar miteinander verbunden waren, hatten sich wie nach einem Streit getrennt, ohne Aussicht auf Versöhnung.

Allein der Welt gegenüber, in Stille versunken, erfährt Wiesel, dass Schweigen nicht nur Verzweiflung, sondern auch Quelle sein kann, dass im Schweigen Begegnung stattfinden kann. Ein wortloses Gespräch zwischen Mensch und Schöpfer, eine andere, neue Dimension von Beziehung. Diesem Beziehungsgeschehen, das in der Einsamkeit stattfindet, entspringt ein neues Fragen, ein neues Verlangen nach einem Kennenlernen-Wollen, Verstehen-Wollen des stummen Gegenüber, eine Sehnsucht, mit diesem Gott, den er nicht verstand, der sich abgewendet hatte und schwieg, neu ins Gespräch zu kommen.

Dann – aus dieser Begegnung heraus – selbst das Schweigen zu brechen, mit dem Erzählen zu beginnen, Zeugnis über das Geschehene abzulegen und die Wahrheiten des alten kindlichen Glaubens mit dem neuen, der Verzweiflung entsprungenen Glauben in Beziehung zu setzen. Das Alte neu zu deuten und hinüberzuretten in die neue Zeit.

Die Worte haben ihre Unschuld verloren

Die Kinder Israels, sagt der Talmud, wurden in Ägypten gerettet, weil sie ihrer Sprache treu blieben, und diese vergalt es ihnen. Falls König David in seine Stadt zurückkäme, würde er verstehen, was ihre Einwohner miteinander redeten, und ihn würden sie natürlich auch verstehen. Das am Sinai vernommene Wort hat bis heute nichts von seiner Autorität und Frische verloren. Unsere Worte spiegeln nur wider, geben es weiter und dadurch sind sie gerechtfertigt.

Ist ein solcher Respekt vor dem menschlichen Wort maßlos übertrieben? Das Wort verband uns mit dem Geheimnis des Anfangs und zugleich mit dem Geheimnis des Überlebens. Am Sinai sprach Gott nur ein einziges Wort, aber dieses eine Wort enthielt alle anderen, die die Menschen seit Beginn der Zeiten und bis zu ihrem Ende gesprochen haben und sprechen werden, um seine Herrlichkeit zu verkünden oder seinen Fluch herabzuziehen.

Leider ist das Wort heute alles andere als rühmenswert.

Stattdessen ist es laut und lärmend. Die heutige Generation ist geschwätzig, das Wort ist wie eine Seuche, die es bis an die Grenzen des Planeten schleudert. Noch nie wurde so viel geredet, im Fernsehen, im Radio, durch Fernverbindung per Satellit, durch Direktübertragungen, Reden, Interviews, in Kommentaren und Analysen. Der Mensch, der ständig so viele Stimmen hört, vernimmt am Ende keine einzige mehr und sicher nicht einmal mehr seine eigene.

Sollte der Grund dafür darin liegen, dass er zu viele Dinge zu sagen und sie möglichst schnell zu sagen hat, sollte er Angst haben, sich nicht rechtzeitig verständlich machen zu können? Lässt er sich durch den Lärm von außen so stark beanspruchen, dass er sich darin verliert, sich daran berauscht und sich damit betäubt?

Macht Gebete

Warum sollte man die Geschichte erzählen? Warum reden und rufen, wenn niemand bereit ist zu hören? Sollten wir dem *Lamed Wawnik* in Sodom folgen und aufhören, uns um die weltweite Bedeutung unseres Schicksals zu kümmern? Sollten wir uns zurückziehen in unser unsichtbares, ewiges Ghetto?

Frieden feiern

Nach Auschwitz haben die Worte ihre Unschuld verloren, nach Treblinka ist Stille gefüllt mit neuer Bedeutung, nach Majdanek hat der Wahnsinn seine mystische Anziehungskraft wiedererlangt. Des Menschen Verhältnis zu seinem Schöpfer, aber auch zur Gesellschaft, zur Politik, zur Kunst, zu den Mitmenschen und zu sich selbst muss neu in Frage gestellt werden. Jenes Geschehen beraubte den Menschen all seiner Masken.

Gott nach Auschwitz

Ich glaube nicht mehr an die magische Kraft des Wortes. Das Wort bedeutet nicht mehr Ordnung, sondern Unordnung. Es beseitigt nicht das Chaos, sondern kaschiert es. Es ist nicht mehr Hoffnungsträger für den Menschen, sondern verkleinert sie, indem es sie denaturiert. Es hat aufgehört, ein Mittel des Widerstands zu sein. Es dient nicht mehr der Unterscheidung, sondern nur noch als Kompromiss.

Macht Gebete

Schweigen ist eine Gegenwart

Um nicht zu straucheln, brauchte er viel Einsamkeit, Stille und Sammlung. Er suchte seinen Gott, er stellte ihn. Ich werde ihn finden, sagte er sich. Bei mir wird Er sich nicht so leicht aus der Affäre ziehen wie bei Hiob. Bei mir wird Er nicht so leicht gewinnen. Mit mir wird die Partie kein Kinderspiel sein. Mir macht Er keine Angst. Mich schüchtert Er nicht ein. *Gezeiten des Schweigens*

Michael begriff, dass das Schweigen nicht eine Einsamkeit, sondern eine Gegenwart ist. Gegenwart Gottes, wenn man allein der Welt gegenübersteht.

Gott: ich spüre meinen Atem und weiß, dass er nicht verloren geht, dass etwas ihn vernimmt; ich fühle, dass ich eins bin mit etwas, das vielleicht die Zeit ist, dessen Dasein die Schläge meines Herzens beweisen. … Hörst du unsere Schritte im Schweigen, Freund? Wir sind die Schritte, er ist das Schweigen. Das Schweigen verleiht unseren Schritten Tiefe. *Gezeiten des Schweigens*

Das göttliche und das menschliche Schweigen können sich verbinden, das eine kann durch das andere, kann im anderen wachsen, und das reicht zum Leben aus oder sollte es wenigstens. Beide sind fähig, sich gegenseitig zu reinigen, sich im anderen zu befreien, und das genügt oder sollte genügen.

Denn alles in allem geht es hier um Folgendes: entweder durch das menschliche Wort dem göttlichen Schweigen oder durch das menschliche Schweigen dem göttlichen Wort antworten.

Aber das zu erreichende Ziel lautet anders: dem Schweigen durch das Schweigen und dem Wort durch das Wort antworten. *Geschichten gegen die Melancholie*

Es gibt eine Beziehung zwischen der Einsamkeit Gottes und der Einsamkeit des Menschen. Man muss allein sein, um Gott zu hören und zu fühlen und auch um gegen ihn zu kämpfen, denn Gott wendet sich nur dem zu, der bedroht, und dem, der durch die Einsamkeit geschützt ist. Wenn Gott es vorzieht, sich im Traum an seine Erwählten zu wenden, so deshalb, weil der Mensch dann allein und kein fremdes Wesen da ist, das ihn ablenkt.

Aber die Einsamkeit enthält auch ihr Stück Gefahr, gerade deshalb, weil sie in Gott mündet. Wer ihm begegnet, ist unwiderruflich zu einer anderen Einsamkeit verdammt. Hier bedeutet Erwählung kein Privileg, sondern Würde und Verpflichtung. *„Und niemand wird mein Antlitz sehen und am Leben bleiben“* bedeutet: Niemand wird mein Gesicht sehen und leben wie vorher. Aus dem Kampf mit Gott wird Jakob als Sieger, aber hinkend hervorgehen, er wird nicht mehr derselbe sein. *Adam*

Rabbi Itzikl von Worki sagte: „Ich bin's zufrieden, ja, ich bin zufrieden, dass bestimmte Dinge verborgen bleiben, sonst wäre das Leben unerträglich.“ Vielleicht gibt es auch eine verborgene Seite des Wortes.

Geschichten gegen die Melancholie

Als ein Schüler den großen chassidischen Meister, Rabbi Mendel von Worki, fragte, wie er die Kunst des Schweigens erworben hätte, antwortete der Rabbi nichts. *Frieden feiern*

Gott liebt das Schweigen oder, wie Rabbi Elieser Hakalir es ausdrückt: Gott ist Schweigen. Nach einem Unwetter, wenn Donner und Blitz aufgehört haben zu toben, nach ohrenbetäubendem Lärm tritt Stille ein – und das ist das Zeichen, dass Gott da ist und bereit, die Geschichte erzittern zu lassen.

Schweigen ist friedlich, voller Wohllaut, voller Verheißung, voller Träume und voller Wahrheit. Aber ebenso sehr kann es Angst oder sogar Zorn hervorrufen. Im Talmud stoßen wir auf weise Männer, die nicht zögern in der Stunde der Prüfung zu schreien: „Aber warum, warum schweigt denn Gott?"

Geschichten gegen die Melancholie

Wahres und falsches Schweigen

Wie soll man das wahre vom falschen Schweigen unterscheiden? Dinge verschweigen, die man sagen könnte, ist etwas anderes als Dinge verschweigen, die man nicht sagen kann oder nicht sagen darf. Was ist zu tun, um beides nicht durcheinanderzubringen? *Geschichten gegen die Melancholie*

Über die Begegnung mit den Juden in der UdSSR:

Ihre Augen

Von ihnen muss man zuerst sprechen, und sei es nur, um Worte zu finden und zu rechtfertigen. Sie muss man beschreiben, bevor man sich anderen Dingen zuwendet, denn sie stehen über allem und erhalten alles. Die Augen bringen uns ihrem Schweigen näher. Das andere kann warten und wird warten. Das andere wird nur vorhandene Kenntnisse bestätigen.

Wie auf die Quelle der Zeit gerichtet, scheinen sie dieser ihr Geheimnis zu verleihen. Die Urwahrheit verbrennt sie, aber verzehrt sie nicht. Der Ausländer, der die Sprache der Wahrheit nicht zu entziffern weiß, kann nur den Kopf senken und sich unterwerfen. Niemals wird er sehen, was sie widerspiegeln, was sie sehen.

Alterlose Augen jeden Alters und jeder Farbe; große, tiefe Augen voller Zärtlichkeit und Demut; schmale, stechende, besessene Augen; suchende Augen und Augen, die gefunden haben; flehende und herausfordernde Augen; Augen wie Wunden und Augen, die den Fremden lachen, erröten oder sein Herz schlagen lassen; müde, verbrauchte Augen und leuchtende, eigensinnige Augen, in denen Willenskraft und der Wunsch zu überleben steht; ewige jüdische Augen, die das Unaussprechliche aussprechen und eine fremdartige, unfassbare Wirklichkeit schaffen und widerspiegeln. Diese Augen sehen weit, sehr weit: in die Vergangenheit, in die Zukunft und darüber hinaus …

Wenn sie nur sprechen könnten … Sie sprechen … Überall sprechen diese Augen die gleiche Geheimsprache, erzählen die gleiche Geschichte, die die Gewalt einer tausendfach gehörten und gelebten grausamen Legende hat. *Alle Flüsse*

Das Schweigen in mir lastet zuzeiten so schwer, dass mein Herz zerspringen möchte. Allein, es ist nun einmal so, dass ich nicht danach trachte, mich von diesem Schweigen zu lösen. Ich suche nach einem eigenen, besonderen Weg, der zwischen dem Wort und dem Schweigen verläuft. *Worte*

Das Geheimnis

Michael fragt: „Meister, ich will endlich Gott kennenlernen, ich will ihn aus seinem Versteck locken!" Der Meister antwortet freundlich, ohne Zorn, mit sanfter, klarer Stimme: „Du bist anmaßend, mein Sohn. Du willst Gott kennen: kennst du dich denn schon selbst?" Michael antwortete: „Noch nicht, Meister, noch nicht. Aber das wird nicht mehr lange dauern. Ich fühle es. Noch einen Tag, noch zwei, drei Tage, und ich werde mich selbst kennen. Nehmen Sie mir's nicht übel, Meister: ich werde auch Gott, das Unbekannte kennen. In der Gefangenschaft, in der Folter wird der Mensch mächtig, allmächtig. Er macht sich zu Gott. Das Geheimnis lautet: Gott ist in Gefangenschaft." Nun heftete der Meister auf ihn seinen sanften, traurigen Blick, in dem ein geheimnisvolles orangefarbenes Licht schimmerte, und sagte: „Vielleicht hast du recht: Heutzutage wissen die Schüler mehr, sie wissen es besser als ihre Lehrer. Ja, Gott ist in Gefangenschaft. Und der Mensch hat die Aufgabe ihn zu befreien. Das ist das seit der Schöpfung behütete Geheimnis." Michael will aber noch mehr darüber erfahren: „Kommen deshalb so viele gerechte Männer ins Gefängnis?" – „Das ist einer der Gründe." Michael ist aber noch nicht befriedigt: „Und die Diebe? Die Mörder? Die Verräter? Warum kommen sie ins Gefängnis? Wissen sie womöglich auch, dass Gott hinter Schloss und Riegel sitzt?" Der Meister bewegt zustimmend seinen vergilbten Bart: „Sie wissen es. Deshalb kommen sie ins Gefängnis. Um ihn zu ermorden."

Gezeiten des Schweigens

Hör doch auf zu träumen, sagt eine Stimme heute Morgen im Traum zu mir. Es ist Zeit zu handeln. Die Stimme wiederholt das letzte Wort: handeln. Ich würde sie am liebsten fragen: Kann man nicht gleichzeitig handeln und träumen? Doch ich wage nicht, den Mund zu öffnen. Ich habe Angst aufzuwachen. Ich möchte weiterträumen.

… und das Meer

Ich zwang mich, das Geheimnis, das mich verzehrt, mit jemandem zu teilen. Ich versuchte die Gespenster, die in mir hausten, zum Sprechen zu bringen. Soll das heißen, dass die Wunde langsam vernarbt? Nein, sie brennt weiter. Ich bin immer noch nicht im Stande, darüber zu sprechen, aber ich fühle mich im Stande zu sprechen; darin liegt die Veränderung.

Worte

Ayeka: Wo bist du?

Ayeka?“ (Wo bist du?) wendet Gott sich an jeden von uns. … Schreiben, über sich selbst schreiben, über das, was einem widerfahren ist, und die Last der Erinnerung, die man zu tragen hat – das bedeutet in gewisser Weise, sich immer wieder dieser ersten biblischen Frage zu stellen.

… und das Meer

Schweigen ist keine Antwort, Schweigen war nie eine Antwort! Und deshalb müssen wir bezeugen, was geschehen ist! Was sollen die Angehörigen mit ihren Erinnerungen anfangen? Gewiss würden sie lieber von anderen Dingen sprechen.

Gott nach Auschwitz

3

KLAGEN –
UND GOTT IN ALLEM?

Nur in der jüdischen Tradition ist es dem einzelnen Menschen erlaubt, sich gegen den Himmel zu erheben.

Elie Wiesel: Macht Gebete aus meinen Geschichten

Wie kann er nach all dem noch an Gott glauben? An einen allmächtigen, allwissenden, allsehenden, allhörenden Schöpfer, in dessen Händen, wie er als Kind geglaubt hatte, aller Anfang und alles Ende lag? An einen Gott, von dem er geglaubt hatte, dass er ihn allzeitlich begleite? Auf der verzweifelten Suche nach Gründen und im Versuch zu verstehen sucht er nach Verantwortlichkeit. „Der Hass, die Qual, die Feinde. Wer ist anzuklagen? Hunger, Durst, Tod. Wie sollte einer dies akzeptieren?“ Für Wiesel, dessen Leben von Kind an so eng an Gott geknüpft und mit ihm verwoben war, stellt sich unweigerlich die Frage nach dessen Abwesenheit oder dessen Schweigen. Wo war dieser Gott in Auschwitz?

Zwei Möglichkeiten boten sich dem verzweifelten, einsamen jungen Mann: die erste, sich abzuwenden, Gott und seinem Glauben an ihn den Rücken zuzukehren, weil „man es nicht mit ihm begreift“. Da man es aber „auch nicht ohne ihn begreift“, entscheidet sich Wiesel für die andere Möglichkeit: sich nicht abzuwenden, sondern, im Gegenteil, sich im zuzuwenden. Hiob gleich lässt er nicht ab, sondern beginnt zu klagen, seinem Gott Fragen zu stellen, ihn ins Gericht zu nehmen, sein Schweigen nicht zu akzeptieren.

Wie schon die Propheten Gott widersprachen, gilt in der jüdischen Tradition, dass es jedem Einzelnen erlaubt ist, Nein zu sagen zu Gott, sich gegen ihn zu stellen, wie Hiob mit ihm zu ringen, solange man nur innerhalb dieser Tradition bleibt, solange man sich auch sonst nicht von ihm abwendet. Gott den Herrn anzuklagen, ihn für seine Abwesenheit schuldig zu sprechen und anschließend im innigen Gebet sein Lob verkünden, für das Leben danken und sich an ihm freuen. Das ist die Ganzheitlichkeit des Judentums. Dem Menschen ist es immer gestattet, als ganzer Mensch vor Gott zu treten.

Das direkte Befragen kündet vom lebendigen Beziehungsgeschehen zwischen Gott und Mensch. Fragt man Wiesel, ob er denn auch Antworten erhalte, erwidert er, dass er keine Antworten suche, aber hoffe, nie das Fragen zu verlernen und immer Fragen stellen zu können. Allein die Tatsache, dass er sich Gott zuwendet, zeigt, dass eine Beziehung besteht, auch wenn die Antworten auf sich warten lassen. Im Ringen mit Gott wird das Interesse an ihm sichtbar, weiter das Interesse an den Menschen und der Welt. Im Ringen mit Gott entsteht der Kampf gegen die Gleichgültigkeit, gegen die Apathie.

Er hat nicht überlebt, um sich der Welt, dem Menschen und Gott gegenüber neutral zu zeigen, sondern um aus seinen Erfahrungen heraus engagiert in dieser Welt, in Beziehung zu den Menschen und zu Gott, zu leben.

Er war nicht mehr da

Habe ich Ihnen schon den Traum erzählt, den ich zur Zeit meiner ersten Operation gehabt habe?", fragte ich lächelnd in belustigtem Tonfall. „Nein? Soll ich ihn erzählen?

Ich war zwölf Jahre alt. Meine Mutter nahm mich in die Klinik meines Vetters, des Chirurgen Oscar Sreter, mit, um mir die Mandeln herausschälen zu lassen. Er legte mir eine Äthermaske aufs Gesicht, so dass ich wenige Sekunden später eingeschlafen war. Beim Erwachen fragte Oscar Sreter: „Weinst du, weil es weh tut?" „Nein", erwiderte ich, „ich weine, weil ich soeben Gott gesehen habe." Ein erstaunlicher Traum: Ich war zum Himmel aufgestiegen. Gott auf seinem Thron beriet sich mit den Engeln. Die Entfernung, die mich von ihm trennte, war unendlich, ich sah ihn jedoch so deutlich, als hätte er neben mir gesessen. Auf ein Zeichen Gottes trat ich näher. Ich durchschritt ganze Lebensalter, aber die Entfernung wurde dadurch nicht geringer. Da hoben mich zwei Engel auf, und plötzlich stand ich vor dem Angesicht Gottes. Endlich! Dachte ich. Jetzt werde ich ihm die Frage stellen können, die alle Weisen Israels beschäftigt: Was ist der Sinn des Leidens? In meiner Verschüchterung brachte ich jedoch keinen Ton heraus. Mittlerweile drängten sich andere Fragen in meinem Kopf: Wann wird die Stunde der Erlösung kommen? Wann wird das Gute das Böse besiegen und so dem Chaos ermöglichen, sich für immer zu verflüchtigen. Aber meine Lippen zitterten nur, und die Worte blieben mir in der Kehle stecken. Nun sprach Gott zu mir. Eine so vollkommene, so reine Stille war eingetreten, dass mein Herzschlag sich seines Schlagens schämte. Die Stille ließ nicht nach, als die Stimme Gottes ertönte. Bei ihm waren Wort und Stille kein

Widerspruch. Gott antwortete auf alle meine Fragen und noch viele andere mehr. Dann nahmen mich zwei Engel von Neuem am Arm und führten mich zurück. Einer sagte zum anderen: „Er ist schwerer geworden." Und der andere antwortete: „Er nimmt eine wichtige Antwort mit." In diesem Augenblick erwachte ich. Dr. Sreter beugte sich lächelnd über mich. Ich wollte ihm sagen, dass ich soeben die Stimme Gottes gehört habe, als ich mit Schrecken feststellte, dass ich sie vergessen hatte. Tränen liefen mir über die Wangen. „Weinst du, weil es weh tut?" fragte der gute Dr. Sreter. „Es tut mir nicht weh", antwortete ich. „Ich weine, weil ich soeben Gott gesehen habe. Er hat zu mir gesprochen, und ich habe vergessen, was er gesagt hat." Der Arzt brach in freundschaftliches Gelächter aus: „Wenn du willst, kann ich dich wieder einschläfern, du brauchst ihn dann nur bitten, das Gesagte zu wiederholen ..." Ich weinte, und mein Vetter lachte herzlich.

... Und sehen Sie, lieber Herr Doktor, als ich diesmal auf ihrem Operationstisch in tiefem Dämmerschlaf lag, habe ich Gott nicht mehr im Traum gesehen. Er war nicht mehr da."

Der Tag

Der Prozess

BERISCH: Alle zittern, selbst ich. Ich habe Angst vor der ganzen Welt. Vor Fremden und Nachbarn, vor zu betrunkenen und vor zu weitsichtigen Menschen, leidenschaftlichen und gleichgültigen. Ja, alles jagt mir Angst ein. Die Sonne und die Nacht, der Nebel und der Regen, die Straßen und die Keller, die Wälder und der Lärm, die Wolken und das Schweigen; sie helfen dem Feind. Alle helfen dem Feind. Widersprich nicht, du denkst wie ich, und du hast Angst wie ich.

MENDEL: Nein.

BERISCH: Du lügst. Du zitterst vor Angst und kannst dich beherrschen.

MENDEL: Ich sage die Wahrheit.

BERISCH: Wirklich? Und „Gott in allem"? Hast du keine Angst vor Gott, nicht mal vor Gott?

MENDEL: Ich habe Angst *um* Gott. *(nach einiger Zeit)* Du verwechselst die Gottesfurcht mit der Angst vor Gott. Ich kenne die Furcht – aber nicht die Angst.

BERISCH: *(haut auf den Tisch)* Nein, ich glaube dir nicht, du lügst! Wenn die ganze Welt unser Feind ist und Gott sich auf die Seite des Feindes geschlagen hat, wenn Gott unser Feind ist – wie kannst du da keine Angst haben? Gib es zu, dass dir die Welt, die Schöpfung, Gott selbst dir Angst machen. Nicht Liebe und Dankbarkeit empfindest du, sondern nur Angst.

MENDEL: Menschen rauben und morden: und du hast Angst vor Gott?

BERISCH: Männer und Frauen werden getötet, gefoltert, niedergemetzelt – wie soll man da keine Angst haben? Ein Mann der leidet oder leiden lässt, eine Frau, die stirbt oder den Tod gibt, ein sterbendes Kind – sie alle können nicht anders, als Gott darin zu verwickeln. Ist er nun dafür verantwortlich zu machen oder nicht, wenn ja, verurteilen wir ihn, wenn nicht, soll er aufhören, uns zu richten.

MARIA: *(die einen Augenblick dem zugehört hat, entnervt)* Um der Liebe Gottes willen, Herr, hören Sie doch auf, von Gott zu sprechen! Lassen Sie ihn in Ruhe!

MENDEL: Würden wir ja gerne, Maria, aber was machen wir mit ihm?

BERISCH: *(energisch)* Nein! Ich werde ihn nicht in Ruhe lassen. *(autoritär zu den Schauspielern)* Ihr wollt ein Purim-Spiel aufführen? Also gut. Ich bestimme den Inhalt: ein Din-Toive, wir werden an diesem Abend ein religiöses Schiedsgericht spielen.

MARIA: Was ist das?

YANKEL: Ich weiß es nicht. Wir haben so etwas noch nie gespielt.

AVRÉMEL: Einen Prozess? Einfach so? Du willst, dass wir improvisieren?

BERISCH: Ich will einen Prozess! Einen richtigen Prozess!

AVRÉMEL: Du meinst einen falschen Prozess?

MENDEL: Einen richtigen falschen Prozess?

BERISCH: Einen Prozess will ich,

YANKEL: Gegen wen?

BERISCH: Hast du es noch nicht begriffen, Schwachkopf? Gegen den höchsten König, den obersten Richter, den Herrn des Universums! Das ist das Schauspiel, das ihr an diesem Abend geben sollt. Dies oder keins, wählt!

YANKEL: Was geschieht, wenn wir zu dem Urteilsspruch kommen, dass ...

AVRÉMEL: ... Schuldig?

Prozeß von Schamgorod

Während des Krieges, im Lager, arbeitete ich einmal in einem Kommando zusammen mit einem Mann, der vor dem Krieg ein *rosch jeschiva,* ein Leiter einer Jeschiva irgendwo in Galizien gewesen war. Ich hoffe, Sie glauben mir: Ich erinnere mich nicht an sein Gesicht, zunächst schon, weil alle Gesichter gleich waren, alle Augen waren die gleichen, wir hatten keine Namen – ich erinnere mich an seinen Nacken; denn wir schleppten Ziegel und Steine, und ich ging immer hinter ihm beim Schleppen, und so erinnere ich mich an seinen Nacken. Aber weil er Leiter einer Jeschiva gewesen war, sagte er zu mir: Warum sollen wir nicht studieren? So begannen wir während der Arbeit Talmud und Midrasch zu studieren, aus dem Gedächtnis; und wir hörten niemals auf damit.

Eines Abends sagte er zu mir: Komm heute Nacht nahe zu meiner Pritsche. Ich ging hin. Jetzt weiß ich, warum er es tat: Weil ich der Jüngste war, und er muss gedacht haben, dass ich, weil ich jünger war, eine größere Chance haben würde, zu überleben und die Geschichte zu erzählen. Und was er dann tat, war, ein rabbinisches Tribunal einzuberufen und Gott anzuklagen. Er hatte zwei andere gelehrte Rabbiner hinzugezogen, und sie beschlossen, Gott anzuklagen, in angemessener, korrekter Form, wie es ein richtiges rabbinisches Tribunal tun soll, mit Zeugen und Argumenten usw.

Ich hoffe, sie verstehen, was sie taten war vollständig in Übereinstimmung mit dem jüdischen Gesetz und mit der jüdischen Tradition. Ich weiß, dass es für Christen schwierig ist, das zu verstehen und noch schwieriger, es zu akzeptieren, dass wir Menschen Gott anklagen können.

Juden können es; Juden haben es getan: Abraham hat es getan, und Mose hat es getan; und der Talmud ist voll von Rabbinern, die gegen Gott protestiert haben; und in der chassidischen Literatur hat Rabbi Levi Jizchak von Berdichev ständig Gott angeklagt. Wir dürfen Nein sagen zu Gott. Vorausgesetzt, es geschieht für andere Menschen, um des Menschen Willen. Wir dürfen Nein sagen zu Gott. Das ist für mich eine große Innovation, kühn, revolutionär, in der jüdischen Tradition.

Nun, wenn ich ihnen diese Geschichte erzähle, ..., dann müssen sie das richtig verstehen: Ich erzähle sie nicht, weil ich denke, dass dies die Verantwortlichkeit des Menschen verringern könnte; keineswegs. Es ist falsch, Auschwitz ausschließlich als theologisches Problem zu verstehen. Auschwitz wurde nicht von Gott verursacht, es wurde von Menschen veranstaltet gegen andere Menschen. Es ist zuerst und vor allem ein menschliches Problem, menschliche Verantwortlichkeit. Aber Gott herauszulassen, ist auch unehrlich. Die Tragödie ist, dass wir uns keine Vorstellung von Auschwitz machen können mit Gott, aber auch nicht ohne Gott.

Und so beschlossen die drei Rabbiner in diesem Lager, ein Tribunal zu veranstalten. Die Verhandlungen des Tribunals zogen sich lange hin. Und schließlich verkündete mein Lehrer, der Vorsitzender des Tribunals war, das Urteil: Schuldig. Und dann herrschte Schweigen – ein Schweigen, das mich an das Schweigen am Sinai erinnerte, ein endloses, ewiges Schweigen. Aber schließlich sagte mein Lehrer, der Rabbi: Und nun, meine Freunde, lasst uns gehen und beten. Und wir beteten zu Gott, der gerade wenige Minuten vorher von seinen Kindern für schuldig erklärt worden war.

Erinnerung als Gegenwart

Man darf es nicht annehmen

Bei einem der Nachbarn des Rabbi Mosche Löb waren mehrere Kinder nacheinander im zarten Alter gestorben. Die Mutter vertraute eines Tages ihren Kummer der Frau des Zaddik an: „Was für ein Gott ist denn der Gott Israels? Er ist grausam und nicht barmherzig. Er nimmt, was er gegeben hat."

„Du darfst nicht so reden", sagte die Frau des Zaddik, „so darfst du nicht reden. Die Wege des Himmels sind unergründlich. Man muss lernen, sein Schicksal anzunehmen."

In diesem Augenblick erschien Rabbi Mosche Löb auf der Türschwelle und sagte der unglücklichen Mutter: „Und ich sage dir, Frau, man muss es nicht annehmen! Man muss sich nicht unterwerfen. Ich rate dir, zu rufen, zu schreien, zu protestieren, Gerechtigkeit zu fordern, verstehst du mich, Frau? Man darf es nicht annehmen!"

Geschichten gegen die Melancholie

Und warum soll ich nicht sagen, dass Hiob mich vor allem nach dem Kriege in Verwirrung gestürzt hat. Man traf ihn damals auf allen Wegen Europas, verwundet, beraubt, verstümmelt, sicher nicht glücklich, aber auch nicht resigniert. Seine Unterwerfung im Buche Hiob erschien mir wie ein Hohn. Er hätte nicht so schnell nachgeben dürfen. Er hätte mit seinem Protest nicht aufhören dürfen und die Trinkgelder zurückweisen müssen. Er hätte zu Gott sagen müssen: „Gut, ich verzeihe dir, insofern es sich um mich handelt, um meinen Gram, um meinen Todeskampf. Aber meine toten Kinder, verzeihen sie denn dir? Habe ich das

Recht, in ihrem Namen zu sprechen? Habe ich das moralische, das menschliche Recht, ein Ende und eine Lösung für diese Geschichte zu akzeptieren, in der sie Rollen gespielt haben, die du ihnen nicht ihretwegen, sondern meinetwegen auferlegt hast? Wenn ich deine Ungerechtigkeiten offiziell anerkennen würde, würde ich dann nicht dein Komplize werden? Ich muss zwischen dir und meinen Kindern wählen und weigere mich, sie zu verstoßen. Ich fordere, wenn nicht für mich, so doch für sie, dass Gerechtigkeit geschehe und der Prozess ... weitergeht." Ja, eine solche Sprache hätte er sprechen müssen.

Adam

Ein Gerechter ist der, der gegen die Ungerechtigkeit protestiert und die ergebene Unterwerfung und das Komplizentum verdammt, sagt der Talmud. Hiob wurde bestraft, weil er einen neutralen Weg verfolgte. In Zeiten der Gefahr, in extremen Situationen, nützt die Neutralität nur den Mördern, nicht den Opfern.

Worte

Gemeinsam

Ich weiß, es gibt Fragen, die haben keine Antworten, es gibt namenloses Leid, und es gibt Unrecht in Gottes Schöpfung. Es gibt Gründe genug für einen Menschen, vor Wut zu platzen. Ich weiß, es gibt Gründe für deinen Zorn. Gut! Lass uns zornig sein. Gemeinsam. *Worte*

Die jüdische Tradition erlaubt es dem Menschen, Gott alles zu sagen, sofern es gut für den Menschen ist. Durch die innere Befreiung des Menschen nämlich rechtfertigt sich Gott. Es kommt nur darauf an, in welchem Rahmen der Mensch mit Gott hadert. Innerhalb der Gemeinde kann er alles sagen. Löst er sich von ihr, verliert er dieses Recht.
Worte

Muss ich hinzufügen, dass ich einer einzigartigen Tradition zugehöre, wo es zum Menschen gehört, Nein zu sagen, nicht nur zu einem System oder zu einer Macht, sondern auch zu Ihm, der alle Macht besitzt? Die Propheten, die das Volk wegen seiner Verfehlungen und Verblendungen tadeln, geben auch dem Himmel Schuld, wenn dieser sich zu hart oder zu streng gezeigt hat. Aber ja, es ist erlaubt, mit dem Herrn zu streiten, wenn es darum geht, unsere Nachkommen zu beschützen; es ist erlaubt, sich gegen ihn zu behaupten, wenn es darum geht, Seine entweder zu glücklichen oder zu unglücklichen Geschöpfe zu verschonen.

Mit anderen Worten: In der jüdischen Tradition ist es einfach, beinahe zu einfach, Beispiele für Zivilcourage zu geben. Gott selbst hat uns die Erlaubnis eingeräumt, sich ihm zu widersetzen, wenn es zugunsten seiner Kinder geschieht – und sind wir nicht alle seine Kinder? „Gott liebt es, von Seinen Kindern besiegt zu werden", sagt der Talmud, und er fügt hinzu: „Wenn sich dies ereignet, lächelt Er."

Frieden feiern

Wenn wir über den Verlust der Hoffnung sprechen, müssen wir ebenso die Möglichkeit oder mehr noch: die Notwendigkeit ins Auge fassen, uns gegen Gott zu wenden. Wie kann man an Gott glauben – an den Gott Abrahams, den Gott Isaaks, den Gott Jakobs – und zugleich der vielen Abrahams, Isaaks und Jakobs gedenken, die auf dem Altar nicht gerettet wurden. Es gab keinen Engel der kam, um sie vor dem Feuertod zu bewahren. Ich weiß nicht warum, ich weiß keine Antwort. Wenn wir glauben, dass Gott der menschlichen Geschichte nicht fern ist, dass er der Schöpfung nicht fremd geworden ist, wie können wir dann diesen Abgrund erklären?

... Deshalb richten wir unser Fragen an Gott selbst. Gibt er uns eine Antwort? Möglich. Mag sein, wir befragen ihn in unserer Sprache, und er antwortet in seiner. Was aber ist dann der Sinn des Bundes zwischen Gott und Mensch? Sind wir dazu bestimmt, uns gegenseitig fremd zu bleiben und in verschiedenen Sprachen zu reden? Natürlich können wir uns für zwei verschiedene Möglichkeiten entscheiden: entweder ist Gott böse, oder Gott ist nicht Gott. In beiden Fällen würde die Leugnung Gottes zu absoluter Leugnung führen, zu völligem Nihilismus. Hat man Gott erst einmal zurückgewiesen, oder hat er uns zurückgewiesen, dann kann man ihn durch nichts mehr ersetzen, nicht durch Geschichte und nicht durch den Menschen.

Frieden feiern

Auch heutzutage kann man sich für die Auflehnung gegen Gott entscheiden und doch innerhalb des Judentums bleiben. Aber diese Auflehnung sollte sich tagtäglich und Nacht für Nacht erneuern im Zusammenhang mit dem Glauben und nicht durch die Ablehnung des Glaubens. Anders gesprochen, die Verweigerung muss, um einen Wert zu haben, einen Zugang zur Annahme eröffnen. Jedes Mal muss der Mensch erklären: „Herr des Weltalls, ich weiß es und Du weißt es auch, dass jetzt die Stunde des Gebets ist …, aber ich will es nicht wissen. Es ist mir bewusst, dass ich beten muss, beten müsste, aber ich werde es nicht tun, hörst Du mich, Herr des Weltalls?“ Wenn einer so handelt und redet, dann wird sein Nein zu einem Ja, seine Weigerung zu beten wird zum Gebet.

Macht Gebete

Schlimmer als Leid: Gleichgültigkeit

Hiob war kein Jude, aber er litt unschuldig; und deshalb ist es an uns, an uns allen, etwas mit seinem Leiden zu machen. Er lebte vor zweitausend oder mehr Jahren, aber was tut das? Unsere Verantwortung ist, was wir mit seinem Leiden anfangen. Deshalb ist es nicht nur das, was ich mit meinem eigenen Leiden anfange, was zählt, sondern was ich mit Leiden anfange, überhaupt, was zählt.

Erinnerung als Gegenwart

Was ist noch schlimmer als Leid? Gleichgültigkeit! Was ist noch schlimmer als Verzweiflung? Resignation! Wer sich nämlich nicht rühren und ergreifen lassen kann, wer sich nicht fallen lassen kann, wessen Vorstellungskraft nie Feuer fängt – der ist schlimm dran.

Worte

Gleichgültigkeit gegenüber der Angst des anderen ist verbrecherisch, da sie dessen Angst nur weiter verstärkt. Im äußersten Fall zehrt die Gleichgültigkeit ihr Subjekt wie auch ihr Objekt auf. …

Was ist Gleichgültigkeit anderes als Blindheit in höchster Potenz? Wer ihr Gefangener ist, hat keinen Blick mehr für die äußere Welt, auch keinen für die innere Welt: Er sieht gar nichts mehr. So ist Gleichgültigkeit nicht mehr Sünde, nicht mehr nur Sünde, sie ist auch Strafe … Der Gleichgültige steht nicht mehr im Kontakt mit seiner inneren Welt und seiner äußeren Umgebung. Für ihn existiert gar nichts. Die Zeit selbst hat für ihn aufgehört voranzuschreiten. Er kann mit niemandem mehr in Verbindung treten, und niemand kann mit ihm in Verbindung treten. In Wirklichkeit ist er tot – er weiß es nur nicht.

Worte

Nicht gegen die Gleichgültigkeit zu protestieren, das ist die erste Unterlassungssünde. Die zweite wird folgen: Du wirst zum Mittäter. Sicher wäre es viel einfacher, abzuwarten, erst einmal zuzusehen, es laufen zu lassen; letztlich ist es jedoch weniger gefährlich, sich bemerkbar zu machen. Der Prophet ist genau derjenige, der sich mit seiner Zivilcourage bemerkbar macht.

Worte

Aber was ist Liebe, was ist diese Art von Liebe? „Ich gestehe, ich habe ihre Bedeutung durch zwei Säufer kennengelernt", sagt Rabbi Mosche Löb. „Ich habe sie in einem Wirtshaus gesehen. Sie saßen an einem Tisch, eine ganze Batterie Flaschen vor sich, und tranken und tranken, ohne sich dabei überhaupt anzusehen. Dann und wann machten sie eine Pause und lallten mit schwerer Zunge. „He, Alexej", sagte der Jüngere, „bist du mein Freund? Liebst du mich auch?" – „Sicher, Iwan. Ich bin dein Freund. Ich liebe dich sehr." Halb benebelt leerten sie wie im Traum die nächste Flasche. Dann wandte Iwan sich von Neuem an seinen Freund: „Alexej, bist du auch wirklich mein Freund? Liebst du mich wirklich?" – „Natürlich, Iwan." Sie tranken weiter, und das gleiche Frage- und Antwortspiel wiederholte sich immer wieder, bis Alexej schließlich böse wurde: „Wie oft soll ich es dir denn noch sagen, Iwan? Ich bin dein Freund und liebe dich sehr! Bist du eigentlich taub oder betrunken?" Iwan schwieg eine Weile. Sein Blick wurde schwer, und seine Stimme klang sehr traurig, als er sagte: „Alexej, Alexej, wenn du wirklich mein Freund bist, wenn du mich so sehr liebst, wie du sagst, wie kommt es dann, dass du nicht weißt, was mir weh tut?“ …

Das Gegenteil von Liebe ist nicht Hass, sondern Gleichgültigkeit, das Gegenteil von Leben ist nicht Tod, sondern die Gefühllosigkeit. Iwan hat recht: wenn Alexej nicht weiß, was ihm weh tut, ist er nicht sein Freund.

Geschichten gegen die Melancholie

Gott und Mensch

Sprichst du gerne von Gott?"

„Du weißt doch, dass ich's gerne tue."

„Dann los, Pedro, los. Sprich mit mir von Gott."

„Gott, kleiner Bruder, ist die Schwäche der Starken und die Stärke der Schwachen."

„Und vom Menschen, Pedro? Sprichst du auch gerne vom Menschen?"

„Du weißt doch, dass ich's gern tue."

„Also, sprich mit mir vom Menschen."

„Der Mensch ist die Stärke Gottes. Und auch seine Schwäche."

Gezeiten des Schweigens

Und so drückt es Rabbi Mendel von Kozk aus: „Gott hat dort seinen Sitz, wo man ihn eintreten lässt. Sein Lieblingssitz ist weder ein Palast aus Gold oder Marmor, sondern das schwache und verwundbare Herz des Menschen, das Herz, das Schmerzen leidet und klagt – oder verstummt –, das liebt und fähig ist, zur gleichen Zeit zu schreien und zu schweigen, die Hoffnung zu verlieren und zu hoffen, zu lachen und zu weinen, die göttliche Gerechtigkeit zu fürchten und anzurufen, d.h., zu erkennen, dass Gott zur gleichen Zeit und aus den gleichen Gründen streng und barmherzig ist, nahe und fern, Vater und Richter ist.

Geschichten gegen die Melancholie

Gott weint

Der Midrasch in einem Kommentar zu jenem Vers des Propheten Jeremia, in dem Gott sagt: „Ich werde heimlich weinen", es gäbe einen Ort namens „Geheimnis", und Gott ziehe sich dorthin zurück, um zu weinen, wenn er traurig sei.

Für uns befindet sich dieser geheime Ort in der Erinnerung. Sie besitzt ihr eigenes Geheimnis.

An anderer Stelle wird im Midrasch erzählt, Gott habe, als Er die Leiden Seiner unter alle Völker zerstreuten Kinder erblickte, zwei Tränen vergossen, die in den Ozean fielen. Die Tränen machten einen solchen Lärm, dass man es von einem Ende der Welt bis zum anderen hören konnte.

Ich liebe es, diese Geschichte immer wieder zu lesen. Und ich sage mir: Vielleicht hat Gott mehr als zwei Tränen vergossen, als er die Tragödie Seines Volkes in unserem Jahrhundert erblickte. Doch aus Feigheit haben die Menschen sich die Ohren zugehalten.

Ist dies endlich eine Antwort?

Nein: Es ist eine Frage. Eine Frage mehr.

Alle Flüsse

4

HOFFEN –
BLEIB DEM LEBEN TREU

Um Gott zu loben muss man leben, sagte Rabbi David Leikes; und um zu leben muss man das Leben lieben, trotz allem.

Elie Wiesel: Chassidische Feier

„Und trotzdem“, eines der Lieblingswörter Wiesels. Immer wieder kommt er darauf zurück. An dieses Trotzdem ist die große Hoffnung geknüpft, die Wiesel mit seinem Leben und Schaffen verbindet. Trotz Auschwitz, trotz der Qual, trotz dem Leid, trotz dem Verlust, trotz der Verzweiflung, trotz des Schweigen Gottes ist es sein Leben wert, gelebt zu werden. Über den Eintritt in das Leben bestimmt man nicht selbst, auch nicht über das Ende. Das ist das große Lebensgeheimnis, so Wiesel. Es ist ein wahres Geschenk an uns, das es gilt zu ehren und gestalterisch damit umzugehen. Die Hoffnung nicht aufzugeben, heißt für Wiesel zunächst Gott und den Menschen nicht aufzugeben. Sowohl an den einen, als auch an die anderen knüpft er seine Hoffnung. Eine Hoffnung für ein Leben im Jetzt mit der Erinnerung an das Vergangene auf eine bessere Zukunft hin.

Die jüdische Tradition ist gebunden an das Tun Einzelner: Abraham, Moses, Jeremia, Noah ... Als Enkel dieser Tradition ist Wiesel fest davon überzeugt, selbst seinen Teil zum Gelingen beitragen zu können. Selbst aktiv werden zu können, um dieses Leben lebenswert zu machen. Die Hoffnung, die ihn treibt, steht der Gleichgültigkeit gegenüber. Was macht das eigene Leben für einen Sinn, wenn man sich selbst, der Vergangenheit und der Zukunft, Gott und den Menschen neutral gegenüber stellt? Nichts ist gefährlicher als Gleichgültigkeit, so seine tiefe Überzeugung.

Wiesel leugnet seine eigene Verzweiflung und sein Unverständnis angesichts des Bösen in der Welt von gestern und heute dabei nicht. Ganz im Gegenteil, er gibt zu, verzweifelt zu sein, aber sein Leben ist getragen von dem Versuch, diese Verzweiflung zu wenden, „sie umzukehren in einen Akt der Hoffnung“. Das, so Wiesel weiter, schuldet er den Opfern seines Volkes. Aus diesem Akt des Umkehrens zur Hoffnung hin schöpft er die Kraft Zeugnis abzulegen; seine Stimme all denen zu leihen, die ihre Botschaft nicht mehr selbst in Worte fassen können; die Vergangenheit lebendig zu machen und weiterzugeben. Diese Aufgabe des Zeugen, der er vor allem mit seinem schriftstellerischen Wirken nachkommt, beinhaltet wiederum ein Zweifaches: Einerseits Zeuge zu sein, für das Geschehene. Er sieht es als Überlebender als seine Aufgabe, an die Schrecknisse zu erinnern. Andererseits wird er zum Boten, einer Generation von Chassidim, deren Legenden, Leben und Weisheiten er mit einem Sprühen in den Augen weitergibt und lebendig hält.

Als Zeuge und Bote der jüdischen Geschichte und Tradition bleibt Wiesel – trotz allem – dem Leben treu.

Das Leben wählen

Man müsste ihn zum Träumen bringen, sagte sich der Alte. Wenn mir das gelingt, ist er gerettet. Man tötet sich nicht, wenn man träumt, nicht einmal, wenn man davon träumt, sich zu töten. Träumen heißt eine Zukunft herbeirufen, wenn nicht sogar rechtfertigen – also den Tod verneinen, der ja den Traum verneint. Gar nicht so einfach. Die Jungen heutzutage ersticken in ihrer kahlen Welt. Es gibt keine Distanzen mehr für sie; alles wird ihnen dargeboten. Ihre Phantasie ist verkümmert; sie verwenden sie nicht mehr. Die Vergangenheit entzieht sich ihnen zu sehr, die Zukunft nicht genug. Wozu sich das Ferne vorstellen, da man es doch präsentiert bekommt? Wie zu einem Himmel beten, der im Staub schleift? Wozu eine Kultur fortsetzen, die nur in der Asche gedeiht? *Der Schwur von Kolvillág*

Als ich so alt war wie du, erlebte ich – trotz der Phantome, die mich ohne Unterlass verfolgten, trotz des Abgrunds, an den ich immer wieder streifte, eine Überraschung nach der anderen, ich kämpfte jeden Morgen mit dem Leben und jeden Abend gegen die Nacht, ich erforschte alle Wege und vernahm jeden Ruf, ich sprach und lauschte, lernte und lehrte, nahm und gab, ich krümmte den Rücken und straffte ihn wieder, ich lachte und weinte oft aus den gleichen Gründen – und ich bereue nichts. Ich hätte jede dieser Erfahrungen ebenso gut *nicht* machen können: ich bin froh, dass ich sie gemacht habe. Es wäre möglich gewesen, dass ich keinen dieser Gefährten getroffen hätte: ich bin froh, sie alle getroffen zu haben. Menschen, Ereignisse, Entdeckungen – ich hätte ein Jahr früher, ein Jahr später kommen, nach rechts statt nach links gehen können, und ich wäre ihnen nicht begegnet: ich bin froh, sie kennengelernt zu haben.

Schwur von Kolvillág

Ein Irrtum?

Wir haben es nicht gewählt, geboren zu werden. Wir haben weder den Ort noch das Datum gewählt. Deshalb, wie sehr wir an die Wahlfreiheit glauben – und Leben wäre nicht Leben ohne Wahlfreiheit –, am Anfang stand keine freie Wahl. Vielleicht war es eine freie Wahl auf Seiten der Eltern, aber nicht auf Seiten des Kindes. Was wäre, wenn die Eltern sich nicht begegnet wären; was wäre, wenn es andere Eltern gegeben hätte? Wenn wir zurück blicken und nicht in der Gegenwart bleiben, dann ist jedes Leben ein Geheimnis. Denn es geht gegen alle Regeln des Zufalls. Es gibt meistens Milliarden von Möglichkeiten, die zusammenkommen müssen, um ein Leben hervorzubringen: Darum „Geheimnis des Lebens". Im tragischen Fall können wir es „Irrtum" oder „Zufall" nennen oder „accident", was ungefähr dasselbe ist. Wenn das Leben einen Sinn hat und wir ihm einen Sinn beilegen wollen, dann gilt das natürlich nicht. Also, obwohl es ein Irrtum oder Zufall war, so machen wir es dazu, dass es keiner war. Anders gesagt: Obwohl ich bin, was ich bin, ich möchte glauben, wenn ich mich selbst wählen könnte, ich würde jeden Tag wieder den Menschen wählen, der ich bin. Das heißt, rückblickend muss es die Wahl geben.

Und weil das Leben solch ein Geheimnis ist, obwohl es das Ergebnis eines Zufalls oder eines Fehlers ist – in allzu vielen Fällen ist es ein Fehler –, ist das Leben heilig. Deshalb denke ich darüber in fast dichterischer Form. Es gibt zwei absolute Akte. Und sie wissen sehr wohl, dass diese beiden absoluten Akte – vielleicht die einzigen, die es gibt – jeder Mensch vollziehen kann. Verzeihen sie, aber der größte Idiot auf der Welt und der größte Barbar auf der Welt kann beides tun: Leben geben und Leben wegnehmen. Hier gibt es etwas, für das ich kein besseres Wort finde: ein Geheimnis; das Geheimnis des Lebens und das Geheimnis des Todes. Und es gibt noch ein anderes Geheimnis: das Geheimnis der Begegnung ist vielleicht ebenso tief.

Erinnerung als Gegenwart

Ein Jude soll „das Leben wählen", sein Leben und das seiner Nächsten, das Leben im Hier und Jetzt. Er soll die Lebenden wählen. Das Wort *Chajim* bedeutet zugleich „Leben" und „Lebender".

Alle Flüsse

Ich weiß es nicht

Aus einem Gespräch mit François Mauriac:

„Wie haben Sie es geschafft?"

„Was?"

„Wie haben Sie es geschafft zu überleben?"

„Ich weiß es nicht."

„Durch Gott ... Es war Gottes Wille ... Der Herr hat Sie auserwählt ..."

„Nein. Sagen Sie das nicht."

„Glauben Sie nicht an Gott?"

„Doch."

„Dann hat Ihr Glaube Sie gerettet."

„Sagen Sie das nicht, ich bitte Sie darum."

„Der Glaube kann eine Hilfe sein, kann trösten. Er kann eine Art Nahrung sein, geistige Nahrung ... Der Glaube verkörpert das Leben ... Die Macht des Lebens ... Vielleicht hat Sie der Glaube stark gemacht ..."

„Es hat nichts mit Stärke zu tun ..."

„Sondern mit Gott?"

„Auch nicht mit Gott."

„Mit was hat es dann zu tun?"

„Ich weiß es nicht."

Ein tiefer Seufzer, dann lächelt er wie üblich: „Gerade wenn wir nichts mehr wissen, beginnen wir zu glauben ..."

Ich spüre, ich sollte ihm antworten: „Und wenn wir glauben, werden wir dann wissen?"

Alle Flüsse

Dir zum Trotz

Im *Schewet Jehuda,* einem der wichtigsten jüdischen Märtyrerbücher und zugleich einem der besten, finden wir folgende Geschichte:

„Eines Tages im Spanien des sechzehnten Jahrhunderts wurde eine jüdische Gemeinde entwurzelt und ins Exil verbannt. Sie flüchteten auf einem Schiff, das irgendwann irgendwo am Rande einer Wüste strandete. Unter den Flüchtlingen war eine vierköpfige Familie – ein Mann mit seiner Frau und ihren zwei Kindern. Hunger und Durst quälten sie, und so machten sie sich in der Hoffnung auf den Weg, eine Stadt zu finden, ein Dorf, einen gastfreundlichen Ort. Sie fanden niemanden. Sie hörten nicht auf, zu gehen und zu hoffen, als der Hunger unerträglich wurde.

Eines Abends waren sie zu erschöpft, um weiter voranzukommen. So entschlossen sie sich zu rasten. Sie waren vier, als sie einschliefen, nur drei erwachten. Sie begruben die Mutter, sagten das *Kaddisch,* das Totengebet, für sie und setzen ihren Marsch aus dem Nichts in das Nichts fort. Schließlich mussten sie wieder rasten. Drei legten sich nieder, und nur zwei erwachten, der Vater und eines der Kinder. Sie begruben das andere Kind, sie sagten das *Kaddisch.* Das nächste Mal legten sich beide zur Rast, und nur der Vater wachte auf. Darauf nahm er sein totes Kind auf seinen Arm und sprach zu Gott: „Herr des Universums, seine Mutter starb an Hunger, ich sagte das *Kaddisch.* Sein Bruder starb an Hunger, ich sagte das *Kaddisch.* Nun starb er selbst an Hunger, und ich weiß, was du von mir willst. Du willst mich prüfen, du willst mich an den Rand der Verzweiflung treiben, du willst, dass ich aufhöre, an dich zu glauben, mich nach deiner Nähe zu sehnen. Nun, Herr des

Universums, ich sage dir: Nein! Es wird dir nicht gelingen. Ich werde weiter an dich glauben, dir zum Trotz, und ich werde das *Kaddisch* sagen."

Er hätte weiterreden können, reden müssen: „Herr des Universums, du drängst mich, du zwingst mich, du prüfst mich. Du willst, dass ich aufhöre, an den Menschen zu glauben. Ich werde es nicht tun. Dir zum Trotz und dem Menschen zum Trotz werde ich weiter an den Menschen glauben." – Er sagte es nicht, und vielleicht müssen *wir* es für ihn sagen.

Frieden feiern

Ich konnte weitermachen

In meinem Werk … versuche ich, einen Durst nach Fragen hervorzubringen; ich habe keine Antworten – einen Durst nach Fragen …

Es war ein sehr großer chassidischer Meister namens Rabbi Pinchas von Korez; er war ein Zeitgenosse des Baal Schemtov, des „Meisters des guten Namens“. Eines Tages kam ein Schüler zu ihm und sagte: Rabbi, mit mir geschieht etwas Schreckliches. Ich habe plötzlich begonnen, Zweifel zu bekommen – über die Schöpfung und ihren Schöpfer, über Gerechtigkeit und den Richter dieser Welt. Ich habe Zweifel, und ich weiß nicht, was ich tun soll. Rabbi Pinchas sagte: Mein Freund, beunruhige dich nicht. Was dir geschieht, ist auch mir geschehen, als ich jung war. Ich erinnere mich eines Tages, dass ich so viel studiert hatte, dass ich Zweifel bekam. Ich liebte die Welt nicht, so wie sie sich zeigte, und deshalb hatte ich Zweifel am Schöpfer der Welt. Das störte mich so sehr, dass ich nicht mehr studieren konnte. Ich schlug eine Seite des Talmud auf und meine Augen wurden festgehalten von derselben Seite, derselben Zeile, demselben Argument – ich konnte nicht fortfahren. Ich versuchte alles; ich versuchte es mit Fasten – das war die beste Methode, ich war sowieso arm, und das kostete nicht viel. So fastete ich Montag und Donnerstag und dann von Sonntag bis Freitag – es half nicht. Ich versuchte es mit bestimmten Gebeten – es half nicht. Ich versuchte alles – es half nichts, ich konnte nicht weitermachen. Eines Tages hörte ich, dass der Baal Schemtov in meine Stadt kam. So beschloss ich, ihn aufzusuchen. Als ich kam, war er in der Mitte des Mincha-Gebets, des Nachmittagsgebets. Und er war gerade dabei, das Schmone Esre, das

Achtzehnbittengebet, zu sprechen (Eigentlich sind es neunzehn – die jüdische Logik ist großartig!). Ich sah ihn an, und er wandte sich um und blickte mich an, und ich dachte, er sähe niemanden außer mir. Aber ich bin sicher, dass jeder im Raum den gleichen Gedanken hatte, aber trotzdem: er sah mich, und ich sah ihn. Ich lief zurück in mein Zimmer und schlug den Talmud auf. Siehst du, sagte Rabbi Pinchas zu dem jungen Schüler, die Fragen bleiben Fragen, die Zweifel bleiben Zweifel – aber ich konnte wenigstens weitermachen. *Erinnerung als Gegenwart*

Und wo bleibt mein Glaube? Sicher, ich hätte ihn aufgeben können. Ich hätte das Recht dazu. Ich könnte zahlreiche Gründe, sechs Millionen Gründe anführen, um meine Entscheidung zu rechtfertigen. Aber ich tue es nicht. Ich fühle mich außerstande, vom Weg meiner Vorväter abzuweichen. Ohne diesen Glauben an Gott, dem Glauben meiner Väter und meines Vaters, wäre mein Glaube an Israel und an die Menschheit viel schwächer. Deshalb steht meine Wahl fest: Ich behalte diesen Glauben, der meiner Seele einst Flügel wachsen ließ. Sagte ich, ich habe eine „Wahl" getroffen? Ehrlich gesagt, handelte es sich nicht wirklich um eine Wahl. Ich wäre nicht der Mann, der ich bin, wenn ich das Kind in mir verraten würde, das glaubte, mit Gott, wenn nicht gar für Gott zu leben. *… und das Meer*

Eher auf Wunder hoffen als resignieren

Der große Rabbi Nachman von Brazlaw erzählt die Geschichte von einem Kind, das sich im Wald verlaufen hat. Entsetzt schreit es: „Vater, Vater, komm und hilf mir!" Solange es ruft, darf es hoffen, dass sein Vater es hört. Wenn es zu rufen aufhört, ist es verloren.

Alle Flüsse

Mag Nietzsche dem alten Heiligen in seinem Walde zugerufen haben: „Gott ist tot", der Jude in mir kann es nicht. Ich habe meinen Glauben an Gott nie verleugnet. Ich habe mich gegen Sein Gesetz gestemmt, habe gegen Sein Schweigen, bisweilen gegen auch gegen Seine Abwesenheit aufbegehrt, doch meine Wut tobte innerhalb meines Glaubens, niemals außerhalb. Ich gebe zu, diese Haltung ist nicht sehr originell, sie steht in der jüdischen Tradition. Doch ich habe nie versucht, auf diesem Gebiet „originell" zu sein.

Alle Flüsse

Manchmal spreche ich mit dem Gott meiner Kindheit. „Warum hast Du eigentlich den Menschen erschaffen?" frage ich ihn dann. „Hast Du seiner bedurft? Was kann er für Dich tun? Worin besteht die Bedeutung seiner armseligen Triumphe und seiner absurden Niederlagen für Dich?" Ich suchte nach Antworten – in den Büchern, die Menasche mir empfohlen hat, und in anderen; aber ich habe keine gefunden.

Und trotzdem. Habe ich nicht in meinen eigenen Bibelkommentaren gesagt, dass der Beginn nicht des Menschen ist, sondern nur der Wiederbeginn?

Alle Flüsse

Gregor wurde zornig: „Wie können Sie nach all dem, was uns geschehen ist, noch an Gott glauben?“

Der Rabbi antwortete mit verständnisvollem Lächeln: „Wie kannst du, nach dem, was uns geschehen ist, nicht an Gott glauben?“ *Die Pforten des Waldes*

In erster Linie möchte ich die Dinge verstehen, aber ich muss mich auch wieder fassen und zu mir finden. Eines steht für mich fest: Auch wenn die Welt sich verändert hat, die Welt des Talmuds ist dieselbe geblieben. *Alle Flüsse*

Das Hauptthema des Baal-Schem ist immer dasselbe: Der Mensch ist es sich schuldig, nicht in Verzweiflung zu fallen; er soll eher auf Wunder hoffen als resignieren. Wenn er sich selbst ändert, kann er die Welt ändern, die ihn umgibt und sein Schicksal bestimmt. *Worte*

Wofür?

Seid bereit", sagte Jehuda. „Es geht um unser Erbe. Was denken unsere Vorfahren über uns, welche in den Tod gingen, um den Namen Gottes zu heiligen? Was werden künftige Generationen über uns denken, wenn sie versuchen werden, das Geheimnis unseres Verschwindens zu verstehen?"

Wayehi erew, wayehi boker … (Es wurde Tag, es wurde Nacht)

Es kam das Wort, es kam das Schweigen. Den Gesten der Sterbenden folgten andere Gesten, die der Zeugen. Es kam das Leben, es kam der Tod.

„Es geht um unsere Würde", sagte Jehuda.

Schließlich wagte jemand, ihm zu widersprechen:

„Aber nein, Jehuda. Es ist falsch zu behaupten, der Kampf sei die einzige Quelle unserer Würde. Der Chassid, der dem Mörder direkt in die Augen blickt, stirbt mit Würde; der Rabbiner, der singend auf das Massengrab zugeht; der Mystiker, der sich auf dem Weg nach Treblinka mit seinem Tallit umhüllt: sag nicht, dass ihnen die Würde fehlt."

Jehuda verliert seine Beherrschung: „Das habe ich nicht gesagt. Aber, im Augenblick …"

Der Kamerad bleibt hartnäckig: „Es geht nicht um den Augenblick, Jehuda. Wenn wir jetzt in den Kampf ziehen, kämpfen wir nicht für den Augenblick, sondern für die ganze Existenz, für die Ewigkeit unseres Volkes. Anders hätte alles keinen Sinn."

Jehuda lächelte: „Du sprichst von der Ewigkeit? Hier? Jetzt?"

„Ja", antwortete sein Widersacher, „hier und jetzt. Nur die Ewigkeit verleiht dem Augenblick seinen Sinn. Nur die

Geschichte gibt dem Augenblick seine Tiefe, seinen Reichtum wie auch sein Unglück. Nur weil ich an Abraham und Mose denke, an Rabbi Akiba und den Bescht, an die Weisen und ihre Jünger aller Jahrhunderte, entschließe ich mich jetzt zu kämpfen! Für sie? Ja. Aber nicht allein *für* sie. Mit ihnen, auch *mit* ihnen, gebe ich mich dem Kampf hin ..."

Sechs Tage der Schöpfung

Und es geschah eines Tages, dass ein *Lamed Wawnik,* einer der sechsunddreißig Gerechten jeder Generation, dank deren die Schöpfung Bestand hat, in eine sündige Stadt namens Sodom kam. Sein Auftrag war, die Einwohner vor Sünde und Strafe, vor Korruption und vor dem Verhängnis zu retten. Er ging durch die Straßen und über den Marktplatz, er predigte Tag und Nacht gegen Habgier und Diebstahl, gegen Eifersucht und Zorn, gegen Lüge und Gleichgültigkeit – ja, vor allem gegen Gleichgültigkeit. Am Anfang hörten ihm einige Leute zu und lächelten mitleidig. Irgendwann hörten sie auf, seinen Worten Gehör zu schenken. Er bot keinen Unterhaltungswert mehr. Sie gingen wieder zu ihren Alltagsgeschäften über und begannen, seine Anwesenheit und seine Worte zu ignorieren. Die Mörder fuhren fort zu töten. Die Richter fuhren fort zu lügen und zu lachen. Selbst weise Bürger schwiegen, als ob der Gerechte nicht in ihrer Mitte wäre. Eines Tages kam ein Kind zu ihm, das von Mitleid für den unglücklichen Lehrer erfüllt war, und sagte: „Armer Fremder! Warum bist du ein Fremder?"

„Ich muss es sein", sagte der Meister.

„Aber warum?" fragte das Kind, worauf der Fremde antwortete: „solange ich ein Fremder bin, besteht Hoffnung für mich."

„Was meinst du damit?"

„Ich rufe."

„Aber warum rufst du?" fragte das Kind. „Ich sehe dich und höre dich Tag für Tag. Ich sehe, wie du deinen ganzen Körper, deine ganze Seele und Kraft einsetzt, doch niemand hört auf dich. Niemand schenkt dir Aufmerksamkeit. Siehst du nicht ein, wie hoffnungslos es ist?"

„Ja, das sehe ich ein", entgegnete der Lehrer.

„Aber warum machst du immer weiter?"

„Ich möchte es dir erzählen. Am Anfang, mein Kind, dachte ich, hoffte ich, glaubte ich, ich könnte die Menschen ändern. Heute weiß ich, dass ich es nicht vermag. Wenn ich heute noch rufe, wenn ich noch überzeugter und leidenschaftlicher schreie als zuvor, mit noch größerer Eindringlichkeit, dann deshalb, weil ich verhindern möchte, dass die Menschen am Ende *mich* verändern." *Frieden feiern*

Man muss es versuchen

Heute kann man leicht die Hoffnung verlieren. Wir sind Teil einer verzweifelten Generation, einer Zeit, die zugleich verzweifelt sucht, ein Fünkchen Hoffnung, ein Fünkchen Glauben zu erhaschen. Beides gehört zusammen. Es gibt keine Hoffnung ohne Glauben und keinen Glauben ohne Hoffnung. ... Um Hoffnung zu lehren, müssen wir hoffen. Um überhaupt zu lehren, muss man Hoffnung haben und glauben, dass Erziehung, dass Kommunikation möglich ist, dass die Kultur ein Werkzeug des Fortschritts ist, vielleicht ein Werkzeug der Erlösung.

Wenn der Mensch nicht hofft, dass aus seinem Wissen, aus seiner Erfahrung, aus seinem Leiden etwas Positives hervorgehen kann, wird er von seiner eigenen Einsamkeit besiegt. Der Mensch steht zwei Extremen gegenüber: Hoffnung und Verzweiflung. Zwischen beiden Polen schwingen wir hin und her, entscheiden uns für den einen oder den anderen, für den einen gegen den anderen. Meine Frage ist: Haben wir auch heute noch die Wahl? *Frieden feiern*

König Salomo, der große Pessimist, hat es treffend gesagt: „Die Tage kommen, die Tage gehen. Eine Generation geht, eine andere kommt und wird wieder durch die nächste abgelöst. Nur die Erde besteht weiter; die Sonne geht auf, die Sonne geht unter ..., was war, wird sein ..." Soll man folglich die Zeit anhalten? Und den Lauf der Sonne? Manchmal muss man es versuchen. Selbst wenn es vergeblich ist? Auch dann. Manchmal ist es unsere Aufgabe, etwas zu versuchen, gerade weil es vergeblich ist. Weil am Ende des Weges der Tod auf uns wartet, müssen wir aus vollen Zügen leben. Weil ein Geschehen uns sinnlos erscheint, müssen wir ihm einen Sinn geben. Weil wir unsere Zukunft nicht in den Händen halten, müssen wir sie schaffen. *Alle Flüsse*

Bin ich hoffnungsvoll? Ja. Bin ich verzweifelt? Ja. Und beides gehört zusammen: Ich bin hoffnungsvoll, weil ich verzweifelt bin. Ich bin hoffnungsvoll, weil ich daran denke, was Einzelne tun können, im Bösen und im Guten. Und das gibt mir starke Gründe, für diese Hoffnung zu arbeiten. In meiner Tradition wissen wir, was ein einzelner Mensch tun kann: Abraham oder Mose, oder Jeremia – wenn es auch Jeremia nicht sehr gut ergangen ist. Ein Einzelner kann Gutes oder Böses bewirken, ein einziger. Vielleicht kann er nicht die ganze Welt retten, aber ein Einzelner *kann retten*, mindestens verbessern. Deshalb bin ich hoffnungsvoll, vor allem wenn ich an diejenigen denke, die wir „die Gerechten unter den Völkern" nennen. Es ist für mich eine Quelle der Ermutigung und Stärkung, wenn ich an diejenigen denke, die Widerstand geleistet haben, die bewiesen haben, dass es aufgehalten werden kann, jedenfalls für einen Augenblick. Wie könnte ich das Recht haben, ihre Hoffnung nicht zu beschwören. *Erinnerung als Gegenwart*

Die Verzweiflung wenden in Hoffnung

Ein Schlüsselwort meiner Weltanschauung ist der Kampf gegen Gleichgültigkeit.

Ich habe immer daran geglaubt, dass das Gegenteil von Liebe nicht Hass ist, sondern Gleichgültigkeit.

Das Gegenteil von Glauben ist nicht Überheblichkeit, sondern Gleichgültigkeit.

Das Gegenteil von Hoffnung ist nicht Verzweiflung, es ist Gleichgültigkeit. Gleichgültigkeit ist nicht der Anfang eines Prozesses, es ist das Ende eines Prozesses.

Wenn Sie die Wahl haben, zwischen Verzweiflung und Gleichgültigkeit zu wählen, wählen Sie die Verzweiflung, nicht die Gleichgültigkeit. Denn aus Verzweiflung kann eine Botschaft hervorgehen, aber aus der Gleichgültigkeit kann per definitionem nichts hervorgehen. *Frieden feiern*

Was ich zu tun versuche, ist, die Verzweiflung zu wenden, sie umzukehren in einen Akt der Hoffnung. Und gerade wegen der Verzweiflung sage ich: Wir müssen Hoffnung gewinnen. Denn es ist ja nicht so, dass wir keine Verzweiflung fühlten. Wir sind verzweifelt, und wir haben Grund zur Verzweiflung. Aber wenn wir klug genug und mutig genug sind, dann müssen wir im Innern der Verzweiflung, im Innern der Finsternis genug Gründe finden, einander zu helfen, Hoffnung zu gewinnen. *Erinnerung als Gegenwart*

Wir alle lernen vom Midrasch die entscheidende Lektion menschlicher und sozialer Verantwortung: Es ist wahr, wir sind oft zu schwach, um Ungerechtigkeit zu beenden; aber wir können wenigstens dagegen protestieren. Es ist wahr, wir sind zu hilflos, um den Hunger auszutilgen; aber wenn wir einem einzigen Kind zu Essen geben, protestieren wir gegen den Hunger. Es ist wahr, wir sind zu ängstlich und zu machtlos, um gegen alle Wächter aller politischen Gefängnisse aus der Welt anzutreten; aber wenn wir einem einzigen Gefangenen unsere Solidarität anbieten, prangern wir alle Peiniger an. Es ist wahr, wir haben keine Macht gegen den Tod; aber solange wir einem Mann, einer Frau, einem Kind helfen, eine Stunde länger in Sicherheit und Würde zu leben, bestärken wir das menschliche Recht auf Leben.

Noah

Friede ist Illusion. Aber die Sehnsucht nach Frieden ist keine Illusion. Wenn die menschliche Sehnsucht tief gründet und aus seinem Innern kommt, rechtfertigen sich die Taten des Menschen durch sich selbst. Wenn Kinder auf der Suche nach Zukunft von dem Verlangen nach Frieden erfüllt sind, wenn sich Erwachsene auf der Suche nach Hoffnung und alte Frauen und Männer auf der Suche nach Menschlichkeit befinden, dann gäbe es nur einen Verlierer, den Tod. Vielleicht sind dies Illusionen, aber eines habe ich von meinen Lehrern und Meistern und jene von ihren Lehrern gelernt: das Leben eines einzigen Menschen wiegt mehr als alle Worte, die über das Leben je gesagt und geschrieben wurden. Eine Minute vor dem Tod sind wir noch unsterblich. Eine Minute des Friedens, des Lebens, eine Minute der Unsterblichkeit ist vielleicht alles, was wir für unsere Sehnsucht und unser Engagement geschenkt bekommen, aber dies muss uns genügen. Wäre diese Minute nur für mich allein, dann wäre sie eine Illusion. Da sie für uns alle bestimmt ist, ist sie ein wirkliches und wahres Geschenk.

Frieden feiern

Wayehi erew, wayehi boker: Es wurde Tag, es wurde Nacht. Der Ruf folgt dem Schweigen, das Gebet macht das Morgengrauen viel heller und reiner. Adam, am sechsten Tag von Gott erschaffen, blickt in die Zukunft, und sein Herz wird mit Traurigkeit erfüllt. Den Kopf in die Arme gestützt, wollte er den Herrn fragen: „Warum nur, warum?" Falls Gott geantwortet hat, ist uns die Antwort entglitten.

Es bleibt uns nur die Frage. Aber es liegt an uns, sie in ein Gebet zu verwandeln. In einen Schrei gegen das Böse. In eine Warnung gegen Gleichgültigkeit. In ein Lied, welches – trotz allem – es wagen wird, den ersten Funken einer Hoffnung zu rechtfertigen, die noch geboren werden muss.

Sechs Tage der Schöpfung

Geh an die Arbeit!

Gott braucht die Menschen, um sich zu offenbaren, das ist bekannt. Ob er nun seine Macht bestätigt oder seine Gnade – er tut es durch sie. Er bedient sich eines Vermittlers, um sich zu äußern, und eines Boten, um zu strafen. Wir sind alle Boten.

Schwur von Kolvillág

Eine chassidische Geschichte: Ein Schüler machte vor dem Rabbi Menachem Mendel von Kozk die Bemerkung: „Gott, der vollkommen ist, hat in sechs Tagen die Welt, die man wohl kaum vollkommen nennen kann, geschaffen, wie ist das möglich?" Und der Rabbi fuhr ihn an: „Würdest Du es besser machen?" „Ich denke schon", stammelte der Schüler, ohne zu wissen, was er sagte.

„Du würdest es besser machen?" rief der Meister aus. „Aber worauf wartest du dann? Du hast keinen Augenblick zu verlieren, geh und mache dich an die Arbeit!"

Adam

5

SICH ERINNERN –
DAS GEDENKEN LEBENDIG HALTEN

„Zachor v'shamor b'dibur echad – Uns wurde gesagt: Erinnere dich und halt das Gedenken lebendig." Wie gleichsam die übrigen Tage geschaffen sind um des einen Sabbat-Tages willen, so möchte ich sagen, sind uns alle anderen Worte gegeben um des einen Wortes willen: Gedenke!

Elie Wiesel: Gott nach Auschwitz

Zachor – Gedenke! Erinnere dich! Für Wiesel spielt das Gedächtnis und die Erinnerung eine große Rolle. Er hat größtes Mitleid mit Menschen, die an Alzheimer erkrankt, nicht mehr in der Lage sind, sich zu erinnern (Diesem Thema widmet er einen ganzen Roman: *Der Vergessene*). Wenn sich niemand erinnert, wie sollen dann die zukünftigen Generationen wissen ... wovon sollen sie lernen? Wie sollen sie in der Lage sein, Dinge besser zu machen? Wenn niemand der Opfer gedenkt, geraten sie in Vergessenheit. Dies möchte Wiesel verhindern. Die Memoiren, die sie in den Ghettos und Lagern unter schwierigsten Bedingungen verfassten, waren dafür bestimmt, daran zu erinnern, was geschehen ist. Es sei auch seine Aufgabe, so Wiesel, diese Botschaften aus der Nacht und dem Dunkel zu überbringen. Sprachrohr zu sein für diejenigen, die es nicht selbst sagen können, damit die Welt erfährt ...

Wenn niemand der Tradition gedenkt, vertrocknen die Wurzeln. Durch den Rückbezug an die Anfänge, zurück zu Adam, Abraham, Isaak, Moses, die Propheten und jüdischen Märtyrer durch Jahrtausende hindurch, setzt er sich selbst in ein Verhältnis zur eigenen Tradition. Das Judentum basiert auf diesem Rückbezug. Nur wenn man Gottes Geschichte mit dem Menschen von seiner Schöpfung über die Verbannung, das Fern- und Nahe-Sein Gottes zu seinem Volk durch die Zeit hindurch als Ganzes in den Blick nimmt, kann man das eigene Leben innerhalb dieser Geschichte verstehen und in dieser Überlieferung den eigenen Ort finden.

Ohne die Kenntnis von und die Erinnerung an diese Geschichte fände religiöse Praxis im hohlen Raum statt. Das Vertrauen auf Gott trotz Exil, trotz Einsamkeit und Verzweiflung könnte nicht in der Hoffnung aufgehen, ohne die Beispiele individueller Menschen aus der Geschichte mit einzubeziehen.

Es ist die Beziehung Gottes zu seinem Volk, die man erinnern soll, um selbst nicht ziellos durchs Leben zu gehen. Deshalb wird die Beziehung zwischen Gott und jedem einzelnen Menschen so wichtig: Hiob kündigte diese Verbindung nicht auf, Daniel wandte sich nicht ab, die Chassidim gingen tanzend, singend und Gott lobend in den sicheren Tod des Feuers in den Konzentrationslagern. Alle, jeder Einzelne muss wegen seiner einzigartigen Beziehung zu Gott erinnert werden.

Vergiss nicht

Das Vergessen ist die Wurzel des Exils; die Erinnerung bedeutet Erlösung – das hat bereits der Baal Schem gesagt.

Worte

Als Kind habe ich in der unablässigen Angst gelebt, nach dem Tod den Namen meiner Mutter vergessen zu können. In der Schule sagte mein Lehrer zu mir: Drei Tage nach deiner Beerdigung wird ein Engel dreimal auf deinen Grabstein klopfen. Er wird deinen Namen wissen wollen, und du wirst ihm antworten: „Ich bin Elieser, Sohn der Sarah." Wehe, wenn du ihn vergisst! Tote Seele, du wirst für alle Ewigkeit unter der Erde liegen. Du wirst nicht vor dem Gericht erscheinen können, um zu erfahren, ob dein Platz im Paradies oder in der Hölle sein wird bei denen, die allzu lange auf die Stunde der Reue gewartet haben. Du wirst dazu verurteilt werden, im Reich des Chaos herumzuirren, wo nichts ist, weder Strafe noch Schmerz, weder Recht noch Unrecht, weder Vergangenheit noch Zukunft, weder Hoffnung noch Verzweiflung. Es ist schlimm, den Namen seiner Mutter zu vergessen, ebenso schlimm, wie wenn man seinen eigenen Ursprung vergisst. Denk daran: „Elieser, Sohn der Sarah, Sohn der Sarah, Sarah, Sarah ..."

Der Tag

Was ist Erinnerung?

So vergehen die Tage und die Monate. Träume und Erinnerungen verblassen. Wird die Erinnerung reicher oder verarmt sie in dem Maße, in dem der Mensch sich von den ersten Eindrücken seiner Erlebnisse entfernt? Warum jagen wir unseren Erinnerungen hinterher? Was wollen wir aus der Vergangenheit zurückholen? In welcher Verfassung und mit welchem Ziel wollen wir das tun?

Wie gelingt es einem, ihr trotz ihrer Sprunghaftigkeit zu folgen? Was muss man tun, um die Spuren, die sie hinterlässt zu verarbeiten? Welche Rolle spielen die Zeit, die Zeiträume, die zeitliche Abfolge?

Alles, was das Gedächtnis betrifft, fasziniert mich durch die geheimnisvolle Kraft, die es freisetzt. Es möchte alles einschließen, alles zurückhalten und beleuchtet immer nur Einzelheiten. Warum treten gerade diese hervor und keine anderen? Anders ausgedrückt: Was wird aus all dem, was ich schon vergessen habe?

Und schließlich muss man nach der Beziehung zwischen der persönlichen Erinnerung und dem kollektiven Gedächtnis fragen. Wer profitiert hier von wem, und wie hoch ist der Preis dafür?

Erinnerung ist eines der Schlüsselworte meines Schaffens und meiner Suche, und – um die Wahrheit zu sagen – ich weiß bis heute nicht, was Erinnerung ist und woraus sie sich zusammensetzt.

Die Erinnerung ist für mich dasselbe wie die Poesie für Aristoteles: Sie birgt mehr Wahrheit als die Geschichte. Ich weiß, dass ich nicht auf sie verzichten kann. Um schreiben zu können. Um lehren und teilen zu können. Was wäre ich ohne mein Gedächtnis? Weder hätte das Leben einen Sinn noch gäbe es ein Schicksal darin.

... und das Meer

Jüdische Erinnerung widersteht der Zeit nicht, sie transzendiert Zeit. Das ist ein kleiner, aber wesentlicher Unterschied. Was meine ich damit: Der Zeit widerstehen würde bedeuten, die Zeit und die Ereignisse, die unsere Zeit ausmachen, zu ignorieren. Die Zeit transzendieren bedeutet, sie anzunehmen, aufzunehmen und sie zu überschreiten, um eine Gesamtsicht der Zeit zu erlangen. Jüdische Erinnerung ist etwas Besonderes, überhaupt ist menschliche Erinnerung etwas Besonderes, aber als Jude sage ich jüdische Erinnerung. Erinnerung will der Wirklichkeit gedenken, des Schmerzlichen wie des weniger Schmerzlichen. Normalerweise will die Erinnerung jedoch das Schmerzliche abwerfen, sie will sich nicht an Schmerzen erinnern. Unser Körper beispielsweise versucht, den Schmerz zu beseitigen. Habe ich eine Wunde, heilt sie nach kurzer Zeit. Jüdisches Eingedenken hingegen will sich an alles erinnern. Die Auswahl dessen, an was wir uns erinnern, ist eine moralische. Heutige Grundhaltungen orientieren sich an der Vergangenheit, der weit entfernten ebenso wie der nahen Vergangenheit. Was in Spanien im Jahre 1492 geschah, bewegt mich in gleichem Maße wie etwas, das ich heute erlebe, wenn ich nach Spanien reise. Beides ist Wirklichkeit. Mein Engagement entspringt jener Erinnerung, die in immer neuen Schichten aufeinandergetürmt ist, zu denen ich durchdringe. Wer religiös ist, mag bis zur ersten Schicht vorstoßen, der Erinnerung Gottes. An einem bestimmten Punkt führen die Erinnerung des Menschen und die Erinnerung Gottes zusammen.

Trotzdem hoffen

Was ist das „Stätel“, wenn nicht das Jerusalem in der Fremde, das Jerusalem weit fort von Jerusalem? Es hat überlebt, wenn auch nur in Worten. Unzählige solcher Städte und Dörfer, wo viele Generationen von Juden ihr Exil durch Gebet und Studium der Heiligen Schriften heiligten, sind für immer vergangen, ausradiert von der Weltkarte. Das „Stätel“, das kleine Reich, im Feuer errichtet und gereinigt, ist für immer dahin. Heute haben wir jüdische Städte, jüdische Hauptstädte, jüdische Siedlungen, jüdische Vorstädte, sogar jüdische militärische Basen, aber wir haben kein „Stätel“ mehr, und wir werden es nie wieder haben. Mitsamt seinen Weisen und Schülern, seinen Predigern und ihren Jüngern, seinen Träumern und ihren Träumen ist es verschlungen von Nacht und Rauch.

Gott nach Auschwitz

Wiederbegegnung mit Auschwitz

Die Stille. Die Stille von Birkenau. Die Stille von Birkenau ist wie keine andere. Sie birgt in sich die Entsetzensschreie, die erdrosselten Gebete von Tausenden und Abertausenden Gemeinden, ausgerottet durch den Feind, von ihm verurteilt, in der Dunkelheit einer endlosen, einer namenlosen Nacht verschlungen zu werden. Menschliches Schweigen, eingefroren im Herzen der Unmenschlichkeit. Todesstille im Herzen des Todes. Es dringt ein ins Gewissen, ohne es zu durchdringen. Es lädt dort ein Geheimnis ab, das keine Kraft je durchbohren kann. Ewiges Schweigen unter einem mattblauen Himmel.

Zurückgekehrt nach Birkenau, Ewigkeiten, nachdem ich es verlassen habe, entsteht mir der unwirkliche Eindruck, dort dem Jungen begegnet zu sein, der ich einmal war. Außer, dass jetzt alles ganz ruhig, fast friedlich erscheint. Ich schließe die Augen: Die Tiefen der Zeit bringen sinnestäuschende Bilder hervor. Unzählige Menschen, alle ohne Gesicht, laufen durch alle meine Sinne. Im Reich der Schatten, das Auschwitz ist, geht niemand langsam. Der Tod selbst wirft sich seiner Beute entgegen. Er hat keine Zeit, der Tod. Er muss überall gleichzeitig sein.

Das Leben, der Tod: Alles verbindet sich in rasender Schnelligkeit. Die Zukunft beschränkt sich hier auf den Augenblick, der der Selektion vorausgeht. Der Gegenwart muss man hier nachlaufen, damit sie nicht gänzlich verschwindet. Man rennt zum Waschen. Man rennt, während man sich anzieht. Man rennt bei der Brot-, bei der Margarine-, bei der Suppenzuteilung. Mann rennt zum Appell, man rennt zur Arbeit, man rennt von einem Block zum anderen, von einem Zelt zum anderen, auf der Suche nach einem vertrauten Blick, auf der Suche nach einem tröstenden Wort.

An das Anschlagen der Hunde erinnere ich mich mit einer an Schmerz grenzenden Schärfe. Das Geheul der Schlächter. Der Lärm der Gummiknüppel, die auf die Nacken der Gefangenen niederschlagen. Der Schmerz macht die verhungernden, schwachen Menschen stumm, ihre Demütigung, so schwer wie ein Fluch. Daran werde ich mich immer erinnern.

Wie friedlich im Augenblick alles erscheint. Ein sonniger Augusttag. Ein frischer Wind lässt die grau-blauen Wolken über uns in der Ferne schwirren. Damals war es Mitte Mai. Es war kalt. Vom Wagen springend zog sich ein Mädchen den Mantel an. „Knöpf ihn zu!", sagte ihr die Mutter. Wie immer ganz gehorsam knöpfte sie ihn zu. Ich begleite sie mit meinem Blick. Ich habe sie nie aus den Augen verloren. Ich sehe sie immer, ich sehe sie noch, wie sie sich mit der Menge entfernt, kleines Mädchen mit dem von Reinheit und Schönheit überfließenden Lächeln, kleines jüdisches Mädchen mit Goldhaar und unschuldigem Traumgesicht, blitzendes Licht auf dem untergehenden Schiff: Es genügt, die Augenlider zu senken, damit die Zeit euch wieder zurückbringt. Da, nichts hat sich geändert. Es gibt eine Ebene der Existenz auf der sich niemals etwas ändert.

Birkenau: Ich war mir nicht mehr darüber im Klaren, dass das Lager so relativ klein war; vielleicht liegt es an dem berühmten „schwarzen Loch", von dem die Weisen sprechen. Es hat ein ganzes Volk mitsamt seinen Fürsten und Bettlern, seinen Greisen und Kindern, ein Volk mit seinen Hoffnungen und seinen Erinnerungen verschluckt.

Von den beiden, Birkenau und Auschwitz, bringt Birkenau die Erinnerung mehr zum Klingen. Auschwitz gleicht so sehr einem wohlgepflegten, guterhaltenen Museum. Allerdings übersteigt die Wirklichkeit von Auschwitz alles, was ein Museum bieten und enthalten könnte. Birkenau heute ist ein wenig wie Birkenau damals. Es genügt, sich zur Erde zu beugen, um dort die Asche zu finden, die seinerzeit vom Himmel fiel und die armen Reste von Tausenden und Tausenden jüdischer Kinder, schweigend und weise, so weise, in die vier Winde zerstreute.

Mit einigen Gefährten und Freunden durchwandern wir das Lager. Ein Führer hält es für nötig, uns Erklärungen und Kommentare zu geben. Nur aus Höflichkeit hören wir hin. Da, die Rampe. Schienen, die diesen Ort mit allen jüdischen Zentren des Kontinents verbunden haben. Schienen, die auf dem ungeheuren Altar zusammenlaufen, dessen Flammen den Himmelsthron berührten, ihn berühren müssen. Am Abend unserer Ankunft konnten wir die Bedeutung der Rampe nicht begreifen. Benommen glaubten wir nur, in einen Alptraum gestürzt zu sein. Das ist sie also, die Rampe. Der Kreuzweg. Mengele. Eine Bewegung des Stabes zeigte den Todesweg. Bei Tagesanbruch war von unserem Konvoi nicht mehr viel übrig.

Ich habe über diesen Gipfelpunkt des Bösen alles gelesen. Ich glaube, alles über die letzten Stunden der Opfer zu wissen. Ich werde nichts sagen. Es sich vorzustellen, wäre taktlos. Es zu erzählen, wäre schamlos. Auf dem Marsch zu dem Ort, wo die Schlächter ihre Gaskammern gebaut hatten, ihre Krematorien, galt es, die Zähne zusammenzubeißen. Und jeden Wunsch zu heulen, zu schreien, zu weinen, galt es zu unterdrücken. In einem bestimmten Moment, in dem wir in der Vorkammer des Todes waren, verspürten wir Ehemalige von Auschwitz das Bedürfnis, uns die Arme zu reichen. Das Bedürfnis, einander zu stützen? Während einer unendlichen Zeitspanne hielten wir Stille. Dann, ganz leise zuerst, schließlich immer lauter schreiend, begannen wir wie Verrückte das ewige Gebet der Juden zu sprechen: „Sch^{e}ma Israel“ – „Höre Israel, Gott ist unser Gott, Gott ist einer.“ – einmal, zweimal, fünfmal … Taten wir dies, weil damals die Opfer, die spürten, dass das Ende nah war, begannen, dasselbe Gebet zu sprechen? Und weil wir so unsere rückwirkende Solidarität mit ihnen manifestieren wollten? Weil am Ende, an der Todesschwelle, alle Worte zu Gebeten werden, und alle Gebete zu dem einen verschmelzen?

In dem offenen Zug, der uns später, im Januar 1945, von Auschwitz nach Buchenwald brachte, begannen wir, aufgerieben von einem wilden Schneesturm, mit unseren letzten Kräften dasselbe Gebet zu schreien. Mit unserem letzten Atemzug wollten wir einer unwürdigen Welt unseren Glauben an Gott kundtun, jawohl, trotz Auschwitz: Gott ist einzig; trotz der Schlächter: Gott ist unser Gott; trotz Buchenwald: Gott ist einer.

Wieder umgibt uns eine Stille, schwer von Endgültigkeit. Sie gleicht jener, die der Offenbarung am Sinai vorausging. Der Talmud gibt uns eine bewegende poetische Beschreibung: Die Stille war so, dass die Tiere aufhörten zu blöken, die Hunde zu bellen, der Wind zu wehen, das Meer sich zu bewegen, die Vögel zu singen … Das ganze Universum hielt den Atem an in Erwartung des göttlichen Wortes …

Das ist es, was wir angesichts Birkenau tun müssen: den Atem anhalten und warten, gemeinsam, um ein ganz klein bisschen die gebieterischste Stimme dieser Zeit zu vernehmen, diejenige einer Erinnerung, welche brennt und brennt, aber sich niemals verzehrt.

Wiederbegegnung mit Auschwitz

Erinnerung als Gebot

Mein Volk ist ein Volk der Geschichte. Wir haben Geschichte gemacht – ich möchte fast sagen, mein Volk hat die Geschichte erfunden. Kein Volk gedenkt so wie das meinige sowohl seiner Feinde wie seiner Freunde. *„Zachor v'shamor b'dibur echad* – Uns wurde gesagt: „Erinnere dich und halte das Gedenken lebendig." Wie gleichsam die übrigen Tage geschaffen sind um des einen Sabbat-Tages willen, so möchte ich sagen, sind uns alle anderen Worte gegeben um des einen Wortes willen: Gedenke! *Gott nach Auschwitz*

Gibt es eine Pflicht, Zeugnis abzulegen, Erlebnisse für die Geschichte festzuhalten, das Andenken zu pflegen? Was wäre der Mensch ohne die Fähigkeit, sich zu erinnern? Es gibt eine Leidenschaft, sich zu erinnern, die nicht weniger gewaltig und überströmend ist als die Liebe. Was bedeutet es, sich zu erinnern? Es bedeutet, in mehr als einer Welt zu leben, zu verhindern, dass die Vergangenheit erlischt, die Zukunft herbeizurufen, um sie zu erhellen. Es bedeutet, Teile seines Lebens wieder zu beleben und die Menschen, die verschwunden sind, nicht in Vergessenheit geraten zu lassen, Licht und Schatten auf Geschehnisse zu werfen, den Sand von den Dingen zu wischen, gegen das Vergessen zu kämpfen, den Tod zurückzuweisen. *Alle Flüsse*

Aber – es gibt ein Aber; eins muss noch gesagt werden: Wir waren bedroht, wir wurden vertrieben, aber wir waren da.... Warum? Ich weiß ein Element: Es ist die Erinnerung! Wenige Völker und wenige Traditionen haben sich so der Erinnerung verpflichtet gefühlt, wie es das jüdische Volk getan hat. Und deshalb versuche ich, es auszuweiten ... auf uns alle. Im Akt der Erinnerung können sie etwas finden, müssen wir etwas finden, an das wir uns halten können. Und Erinnerung ist nichts Passives, es ist etwas Aktives. Und es ist etwas, das unsere Anstrengungen menschlich macht, weil es unseren täglichen Bemühungen eine ethische Dimension verleiht. So viele, die nicht hier sind, suchen oder sind noch in einem Zustand des Erwachens. Bestimmte Dinge würden wir nicht tun, bestimmte Worte würden wir nicht sagen, bestimmte Gesten würden wir nicht machen auf Grund der Erinnerung in uns. Darum insistiere ich so sehr darauf. Ich glaube, dass die Erinnerung die Menschen schließlich zusammenbringen würde.

Erinnerung als Gegenwart

Nichts ist endgültig

Gemeinsam haben wir alle die Erinnerung an die Ursprünge. Und die beklemmende Angst vor dem Ende.

Aber menschlich zu leben, heißt genau dies: Nein zu sagen zu diesem Ende, auf das wir uns alle zu bewegen. Solange ich lebe, fürchte ich den Tod. Aber solange ich lebe, kann und muss ich mich auch unsterblich betrachten. Das ist die Paradoxie: Einen Moment vor dem Erlöschen noch ist das menschliche Wesen von etwas Unaussprechlichem und Unvorstellbarem bewegt, das ihm den Geschmack und vielleicht auch den Durst nach Unsterblichkeit eingibt.

Worte

So wie die Gleichgültigkeit das Gegenteil ist von Liebe, Kunst, Glaube, Hoffnung, so ist die Erinnerung das Gegenteil von Gleichgültigkeit und all dessen, was sie erzeugt und was zu ihr gehört. Sich erinnern heißt, eine andere Zeit anerkennen als die gegenwärtige; sich erinnern öffnet die Möglichkeit zum Dialog: Indem ich mich an ein Ereignis erinnere, lasse ich es in mir wieder erstehen; dadurch, dass ich mich an ein Gesicht erinnere, definiere ich mich im Verhältnis zu ihm. ... Die Erinnerung an eine zurückliegende Niederlage oder Freude beweist mir, dass nichts endgültig, nichts unwiderruflich ist. Ein Unglück erleben ist schlimm; es vergessen ist schlimmer. *Anfang vom Ende*

Elchanans Gebet

Gott Abrahams, Isaaks und Jakobs, vergiss mich nicht, denn ich bin ihr Sohn, der sich auf sie beruft.

Du, die Quelle aller Erinnerung, weißt: vergessen bedeutet verlassen, vergessen bedeutet verstoßen. Verlass mich nicht, Gott meiner Väter, denn ich habe mich noch nie von Dir abgewandt.

Gott Israels, stoße nicht einen Sohn Israels zurück, der aus ganzem Herzen und aus ganzer Seele der Geschichte Israels verbunden sein will.

Gott und König des Universums, vertreibe mich nicht aus diesem Universum.

Als Kind habe ich gelernt, Dich zu verehren, Dich zu lieben und Dir zu gehorchen. Hilf, dass ich nicht das Kind vergesse, dass ich einmal war.

Als Junge habe ich immer aufs Neue die Litaneien der Märtyrer von Mainz und York wiederholt, lösche sie nicht aus in meinem Gedächtnis, wie auch Du alles in Deinem Gedächtnis bewahrst.

Als Erwachsener habe ich gelernt, den Willen unserer Toten zu achten, lass nicht zu, dass ich vergesse, was ich gelernt habe.

Gott meiner Vorfahren, gib, dass das Band, das mich mit ihnen verbindet, fest bleibt und nicht zerrissen wird.

Du, der Du Jerusalem zu Deiner Wohnstatt erwählt hast, lass nicht zu, dass ich Jerusalem je vergesse. Du, der Du Dein Volk in seine Zerstreuung begleitest, gib, dass ich mich daran erinnere.

Gott von Auschwitz, begreife, dass ich mich an Auschwitz erinnern muss und dass ich auch Dich daran erinnern muss. Gott von Treblinka, gib, dass ich schaudere, wenn dieser Name fällt. Gott von Belsen, lass mich weinen über die Opfer von Belsen.

Du, der Du unsere Leiden teilst, Du hast teil an unserer Erwartung; entferne Dich nicht von denen, die Dich in ihr Herz und in ihr Haus eingeladen haben.

Du, der Du die Zukunft der Menschen vorhersiehst, hilf mir, dass ich mich nicht von meiner Vergangenheit löse. Gott der Gerechtigkeit, sei gerecht gegen mich. Gott der Liebe, sei gut zu mir. Gott der Barmherzigkeit, stürze mich nicht in jenen Abgrund, wo alles Leben, jede Hoffnung und alles Licht vom Vergessen verschlungen wird. Gott der Wahrheit, denke daran, dass die Wahrheit ohne Erinnerung zur Lüge wird, weil sie nur die Maske der Wahrheit annimmt. Gedenke, dass durch die Erinnerung der Mensch befähigt wird, zu den Ursprüngen seiner Sehnsucht nach Dir zurückzukehren.

Gedenke, Gott der Geschichte, dass Du den Menschen geschaffen hast, damit er sich erinnere. Du hast mich in diese Welt gesetzt, Du hast mich bewahrt in der Zeit der Heimsuchungen und des Todes, damit ich Zeugnis ablege, aber was für ein Zeuge werde ich sein ohne mein Gedächtnis?

Du sollst wissen, Gott, dass ich Dich nicht vergessen will. Nichts will ich vergessen, weder die Toten noch die Lebenden. Weder die Stimme noch das Schweigen. Nicht vergessen will ich die Augenblicke der Fülle, die mein Leben reich gemacht haben, und nicht die Stunden tiefster Not, die mich verzweifeln ließen.

Selbst wenn Du mich vergisst, mein Gott, wirst Du mich nicht so weit bringen, dass ich Dich vergesse.

Der Vergessene

6

SICH BINDEN – „VERGISS NICHT, ES IST SCHABBES“ ODER WIR MÜSSEN WISSEN, WER WIR SIND

Es begab sich, dass ein Reisender seinen Weg im Wald verlor. Er wanderte und wanderte Tag und Nacht, ganz allein, voller Furcht und Müdigkeit. Plötzlich sah er ein Schloss, und er war außer sich vor Freude. Dann sah er, dass das Schloss brannte. Und er war voll Traurigkeit. Es muss wohl ein leeres Schloss sein, dachte der Wanderer. Dann hörte er eine Stimme rufen: „Helft mir, helft mir, ich bin der Besitzer des Schlosses."

Und der Rabbi von Kotsk, der diese Erzählung wiedergab, schlug mit seiner Faust auf den Tisch und rief: „Das Schloss steht in Flammen, der Wanderer ist verloren, der Wald brennt, aber der Besitzer ruft um Hilfe. Was heißt das alles? Es heißt doch, dass es einen Besitzer gibt."

Elie Wiesel: Gott nach Auschwitz

Elie Wiesel beginnt sein Leben mit einem Urvertrauen an Gott, im Schoß der jüdischen Tradition. Trotz der Einsamkeit und des Verzweifelns hält er nach Auschwitz an diesem jüdischen Glauben fest. Nach dem Krieg in Frankreich und Amerika beginnt er, innerhalb dieser Tradition seinen eigenen Weg zu finden und seine persönliche Beziehung zu Gott aufzubauen. Er macht es sich zur Aufgabe, die alten Weisheiten, Gebete und Legenden neu zu deuten. Das Wichtigste dabei scheint ihm das Gebet.

Trotz aller Schwierigkeit hält Wiesel am Gebet fest, an den alten, seit ewigen Zeiten überlieferten Gebeten. Aber er formuliert auch neue, eigene Gebete. Im Gebet begegnet er Gott und sich selbst. Das Gebet wird für ihn zum Synonym für seine Lebensbejahung. Es ist Teil des jüdischen Glaubens von jeher, Gott im Gebet gegenüberzutreten. Für die Chassidim sind sogar Schrei und Klage, aber auch Tanz und Musik Gebet. Auf dieses Kommunikationsmittel greift Wiesel zurück, immer wieder aufs Neue.

Traditionen leben davon, sie mit den neuen Kontexten und Lebensbegebenheiten zu konfrontieren, sonst wäre die Tradition nichts als leere Hülle, untauglich für die Anforderungen, die das Leben im Jetzt an sie stellt. Deshalb versucht Wiesel etwas davon hinüberzuretten und sie neu zu formulieren.

Jungen christlichen Studenten aus aller Welt, die vom Judentum fasziniert sind oder Probleme mit ihrem christlichen Glauben haben, rät Wiesel immer wieder, die eigene Tradition nicht aufzugeben, sondern innerhalb ihrer auf die Zukunft hin zu arbeiten. Dies erfordere Kraft und Energie, wie er selbst zugibt, aber sich mit dem je Eigenen auseinanderzusetzen mache es lebendig und lebenstauglich. Die Liebe zum je Eigenen, sagt Wiesel, sei das Wichtigste, nur wenn man das Eigene liebt kann man dem anderen offen und liebend begegnen.

Er liebe das Judentum, bezeugt er einmal in einem vollen Seminarraum an der Universität von Boston, weil er es liebe, zu singen. Dann steht er auf und singt ein altes chassidisches Lied, das er aus Sighet, seinem kleinen Schtetl am anderen Ende der Welt gerettet hat … sich binden an die eigene Tradition!

Warum beten?

He, du! Siehst aus als würdest du beten!"

„Irrtum."

„Deine Lippen bewegen sich pausenlos!"

„Ist sicher Gewohnheit."

„Du hast also sehr viel gebetet?"

„Sehr viel. Und vielleicht noch mehr."

„Um worum hast du gebetet?"

„Um nichts."

„Um Vergebung?"

„Vielleicht."

„Um Erkenntnis?"

„Möglich."

„Um Freundschaft?"

„Ja, um Freundschaft."

„Um die Chance, das Böse zu besiegen und dich mit dem Guten zu verbünden? Um die Gewissheit, im Licht der Wahrheit zu leben oder um die, überhaupt zu leben?"

„Vielleicht."

„Und das nennst du Nichts?"

„Genau. Das nenne ich Nichts."

... und das Meer

„Warum weinst du beim Beten?“ fragte er, als kenne er mich seit langem.

„Ich weiß nicht“, erwiderte ich verstört. Die Frage war mir nie gekommen. Ich weinte, weil ... weil etwas in mir weinen wollte. Ich konnte nichts dazu sagen.

„Warum betest du?“, fragte er mich eine Weile später. „Ich weiß es nicht“, antwortete ich noch verwirrter und befangener. „Ich weiß es wirklich nicht.“

Von diesem Tage an sah ich ihn häufig. Er versuchte mir eindringlich zu erklären, dass jede Frage eine Kraft besitzt, welche die Antwort nicht mehr enthält.

„Der Mensch erhebt sich zu Gott durch die Fragen, die er an ihn stellt“, pflegte er immer wieder zu sagen. „das ist die wahre Zwiesprache. Der Mensch fragt und Gott antwortet. Aber man versteht seine Antworten nicht. Man kann sie nicht verstehen, denn sie kommen aus dem Grunde der Seele und bleiben dort bis zum Tode. Die wahren Antworten, Elieser, findest du nur in dir.“

„Und warum betest du, Mosche?“ fragte ich ihn.

„Ich bete zu Gott, der in mir ist, dass er mir die Kraft gebe, ihm wahre Fragen zu stellen.“

Die Nacht

Stockend beten

Zunächst habe ich den Sinn meines eigenen Bemühens zu verdeutlichen. Da ich mehr Erzähler als Wissenschaftler bin, liegen mir Geschichten mehr als gelehrte Doktrinen. Wenn jedes Gebet ein Stück Demut enthält, dann steckt in jeder Theorie des Gebets eher das Gegenteil. Deshalb jetzt eine Geschichte, die Geschichte eines frommen und gottesfürchtigen Menschen, der beim Beten immer ins Stocken gerät. Tag für Tag bleibt er nämlich an der Stelle *„Ahava Rabba Ahavtanu* – denn Du hast uns geliebt mit großer Liebe" – stecken und ringt nach Luft. Kein Laut kommt mehr über seine Lippen. Jedes Wort wird zu einem Hindernis; er fühlt, wie ein Schatten seinen Blick verdunkelt und sein Atem immer schwerer geht. Er leidet und sein Schmerz macht ihn traurig, unendlich traurig. Erinnerungen lasten schwer auf ihm, das Gewissen und mehr noch das Heimweh zerreißen ihn. Er erinnert sich an eine untergegangene Welt, an die Welt seiner Kindheit mit ihren Liedern und Bildern, er denkt an die heißen unschuldigen Gebete seiner Kindheit. Der Schmerz wühlt tiefer und tiefer in ihm, er sitzt in der Falle und wünscht sich einen Augenblick lang, auf immer stumm zu bleiben, weil das besser wäre. Denn was er auch sagt oder tut, wird immer Lüge sein, Verrat oder wenigstens doch eine Illusion.

Wer ist dieser Mann? Ganz klar ist er unser Zeitgenosse, ein seine Religion praktizierender, gläubiger Mensch. Er verrichtet seine Gebete und leiert sie nicht mechanisch herunter, denn sonst würde sein Problem uns überhaupt nichts angehen oder sogar kaum vorhanden sein. Sein Problem betrifft uns in dem Maße, wie er beten möchte, ohne zu wissen, wie er es anstellen und zu welchem Zweck er beten soll. In dieser dialektischen Situation, in der er sich befindet, ist keine Wahl, die er trifft, annehmbar. Und doch hat niemand mehr Gründe, sich an Gott zu wenden und niemand mehr Gründe, sich von Gott abzuwenden als er. Als Individuum kann er dem Himmel nur Dank sagen, dass er ihn verschont hat, aber als Sohn der am grausamsten verfluchten Generation der Geschichte kann er ihm Lobpreis und Opfer doch nur verweigern.

Warum sollte das nicht klar ausgesprochen werden?

In diesem Menschen erkennen wir uns selbst wieder. Seine Schwierigkeiten, das „Ahava Rabba Ahavtanu“ auszusprechen, könnten auch wir haben. Seine Hemmungen sind unsere Hemmungen und seine Zweifel die unsrigen. Zwischen den Worten, die wir aussprechen, und ihrem Inhalt ahnen wir einen Abgrund oder eine Mauer, die zu durchbrechen wir unfähig sind. Was wir gerne sagen möchten bleibt ungesagt, und was wir darbringen möchten, wurde uns genommen.

Macht Gebete

Verlasst euch nicht auf Wunder, betet Psalmen

Und dennoch gab es eine Zeit, da konnten wir mit diesen gleichen Worten leichter die Finsternis durchschreiten und auf das Nahen der Morgenröte warten. ...

Früher war das einfach; Leben hieß, den Schutz Gottes zu erflehen, und Überleben besagte, dass wir diesen Schutz erlangt hatten. Über den Sturm hinaus, ja mitten im Herzen des Orkans wussten wir, was wir zu sagen, wann und auf welche Weise wir es zu sagen hatten. Für jede Situation gab es ein Gebet und für jedes Gebet einen Gesang. Eine bestimmte Ordnung hatte Bestand auch innerhalb des Exils. Jeder einzelne heilige Vers hatte seine Stunde, in der er gesprochen wurde, nicht früher, nicht später, nichts blieb dem Zufall überlassen. In einer aus den Fugen geratenen, wahnsinnigen Welt klammerte man sich an Sidur, das Buch der Gebete, also an Seder, was so viel wie Ordnung, Anordnung bedeutet. Verloren in der Welt, orientierten sich die Juden an der Zeit, die ihnen bisweilen Schutz und Zuflucht bot, und das Gebet verlieh der Zeit ihren Glanz, ihr Leuchten und ihre göttliche Dimension.

Was bedeutet das Gebet für meine Vorläufer und für mich, ihren Schüler? Eine Möglichkeit der Begegnung oder sogar eine Begegnung mit Gott und mit sich selbst; einen Augenblick der Gnade, der Hingabe, der Annahme, des Jasagens. Wenn die Kunst eine Art des Neinsagens ist, dann ist das Gebet eine andere Art, mit Ja zu antworten, Ja zur Schöpfung und seinem Schöpfer, Ja zum Leben und dem, was es in sich birgt, Ja zum Glauben und zur Hoffnung, die sich auf ihn beruft, ja zur Freude, zur Brüderlichkeit; denn im Gebet sind wir alle gleich, sind wir Brüder. Ein Leuchtturm ist das Gebet für den Irrenden und den Träumer auf der Suche nach Träumen, Öffnung ist es für die Seele auf der Suche nach Schweigen oder Verzückung; das Gebet ist etwas, dessen der Mensch am meisten bedarf, um sich zu verwirklichen oder um über sich hinauszugelangen. Kompensation für die einen, Trost für die anderen, Sublimierung für wieder andere, bedeutet das Gebet in gleichem Maße belebende Kraft und Abenteuer. Aus dem berühmten Ausruf „verlasst euch demnach nicht auf Wunder, sondern rezitiert Psalmen!“ spricht viel mehr als nur der Humor eines verzweifelten Volkes. Wie das Studieren uns erlaubt zu leben, so erlaubt das Gebet uns zu hoffen. Wir trotzten der Züchtigung und den Katastrophen durch das Gebet. … Möglicherweise hat Gott den Menschen geschaffen, um ihn und sich selber lobpreisen zu hören, weil er die Gebete liebt, sowohl die der Menschen als auch seine eigenen, wenn man dem Talmud Glauben schenken darf. Ein von Gott erdachtes Gebet lautet so: „Dass ich meinen Zorn bändige und meine Kinder mit Liebe und Mitleid betrachte.“

Macht Gebete

Nur die Toten beten nicht

Die Geschichte des Gebets ist also die Geschichte des Menschen. Das veranschaulicht der Talmud dadurch, dass er Adam die erste Hymne zu Ehren des Sabbats zuschreibt. Auf Abraham, Issak und Jakob gehen die drei täglichen Gottesdienste zurück. Abraham soll den Morgengottesdienst, Issak den Nachmittags- und Jakob den Abendgottesdienst einst eingeführt haben. Um die Frauen nicht zu kränken, wurde ein Gottesdienst Rahel und ein anderer Lea zugebilligt. Die Könige und Propheten, die Philosophen und Kabbalisten, werden alle mit diesem oder jenem Gebet in Verbindung gebracht. Die Aggada ist ein Gesang und die Kabbala der Gesang dieses Gesanges. Was ist denn die chasssidische Bewegung des Bescht anderes als ein manchmal geflüstertes, manchmal hinausgeschrieenes Gebet? Rabbi Nachman von Bratzlaw versichert, dass das Rauschen der Bäume, Blätter und Grashalme Gebet sei. Nur die Toten beten nicht.

Das ganze Schicksal Israels wird durch das Gebet bestimmt, das letztlich alles umfasst: Flehen und Gesundheit und Nahrung; Dank für empfangene und miteinander geteilte Segensfülle, Freude und Traurigkeit des Herzens, Erinnerungen und Klagen, Jubelschreie und unterdrückte Tränen, alle Sehnsüchte, alles Sinnen und Trachten, alle Veränderungen der jüdischen Existenz für den Einzelnen wie für die Gemeinschaft spiegeln sich wider im Gebet.

Die Gebete sind charakteristisch für Israel, ohne sie ist es nicht denkbar. Das Gesetz, von Gott selber dem Menschen anvertraut, kommt von oben. Mit dem Text des Gebets verhält es sich anders, er kommt vom Menschen. Wenn der Glaubende einen liturgischen Text wiederholt, dringt er vor bis zu dessen Autor, und wenn er ihn oft genug wiederholt, macht er ihn sich ganz zu eigen, wird er fast zu dessen Autor. Anders ausgedrückt, es gehört zum Menschen, dass er jedes Gebet zu seinem eigenen macht, indem er es neu erschafft, ihm seine ursprüngliche Kraft zurückgibt, seine Aktualität, seine Dringlichkeit.

Macht Gebete

Früher war das Beten einfach und trostbringend. Das Gebet ließ den Menschen an einem ewigen Dialog mit Gott teilnehmen. Durch das in jubelnder Freude oder tiefer Erschütterung gesprochene Gebet wird Gott gegenwärtig oder besser noch, wird Gott Gegenwart. Von diesem Augenblick an wird alles möglich und erhält eine neue Bedeutung. Auf der einen Seite der höchste Richter und der Vater der Menschheit, der seinen himmlischen Thron verlassen hat, um mitten unter seinen Menschengeschöpfen zu leben und zu wirken. Auf der anderen Seite die vom Gebet emporgetragene Seele, die ihr Gehäuse verlässt und himmelwärts fliegt. Aus Sprache bestehend und schweigend gesprochen ist das Gebet wie ein Dunstkreis, wie etwas Allumfassendes, das den Menschen einschließt, um ihm dann eine größere Freiheit zu geben. Es gibt Gebete für alle Situationen und für alle Fälle. Die Tradition hat an alles gedacht. Wenn du glücklich bist und dich deswegen ängstigst, gibt es ein Gebet dafür. Wenn du unglücklich bist, ohne den Grund dafür zu kennen, gibt es auch dafür ein Gebet. Manche Gebete spornen an, andere beruhigen und wieder andere reißen Wunden auf. Die einen tragen Bitten vor, andere sind Ausdruck der Dankbarkeit. Das Gebet als große Deutung unserer Existenz gibt ihr Rhythmus und Form zugleich. Nehmt unserem Volke das Gebet und ihr habt seine Seele zum Schweigen verdammt.

Macht Gebete

Es ist klar, dass das Gebet einem tiefen Bedürfnis entspricht, dem Bedürfnis zu verstehen und verstanden zu werden, dem Bedürfnis zu glauben, dass es irgendwo ein Wesen gibt, das uns versteht. Es stillt das Bedürfnis zu sprechen, sich anzuvertrauen, zu singen und zu denken, teilzuhaben an etwas, das größer ist als wir. Gebet ist das Bedürfnis sich zu verlieren, um sich frohen Herzens und ganz wiederzufinden, weil man Verzeihung erlangt hat; ist das Bedürfnis, Wohl und Wehe des gegenwärtigen Lebens zu rechtfertigen, Bedürfnis, seinem Leid Ausdruck zu verleihen und darüber zu weinen, Bedürfnis, sich gehen zu lassen, und auch das Bedürfnis zu sein und Bedürfnis, sich seines Wesens bewusst zu werden. *Macht Gebete*

Jeder Mensch hat sein Gebet

Eines Tages hörte Michael in der Vorhalle der Synagoge einen Fremden ein Gebet sprechen, das ihn verwunderte: „Ach Gott! Bleib bei mir, wenn ich deiner bedarf, aber verlass mich besonders dann nicht, wenn ich dich leugne."

Michael erzählte es seinem Lehrmeister, der freudig ausrief: „Wie schön! Wie schön! Sag's mir noch mal auf!"

„Ach Gott! Bleib bei mir, wenn ich deiner bedarf, aber verlass mich besonders dann nicht, wenn ich dich leugne."

„Noch mal, noch mal!" sagte Kalman begeistert.

„Ach Gott! Bleib bei mir …"

Michael musste es fünf- oder sechsmal aufsagen.

Später gegen Abend, zwischen dem Mincha-Gebet und dem Maariw-Gebet, fand er die Gelegenheit, seinen Lehrer zu fragen:

„Was ist an diesem Gebet so ungewöhnlich?"

Freundschaftlich legte Kalman seine Hand auf die Schulter des Knaben:

„Jeder Mensch hat ein Gebet, das ihm allein gehört, wie er eine Seele hat, die ihm allein gehört. So wie es dem Menschen schwer fällt, seine Seele zu finden, so fällt es ihm auch schwer, sein Gebet zu finden. Die meisten Menschen leben mit Seelen und sprechen Gebete, die nicht die ihren sind."

Gezeiten des Schweigens

Beten heißt: die Einsamkeit durchbrechen

Das Gebet ist im vollen Sinne des Wortes ein Akt des Glaubens, des Glaubens an Gott und an die Geschichte, an Gott als den Herrn der Geschichte, der ebenso gerecht wie allmächtig und barmherzig ist, des Glaubens an das Wort, des Glaubens an den Glauben. Ohne ihn ist das Gebet eine Parodie. Beten heißt, fähig zu sein, seine Existenz und seine Zukunft zu ermessen, heißt empfangen und geben. Ohne diese Möglichkeit wäre der Mensch um eine wesentliche Dimension ärmer. Niemand ist mehr zu bedauern als der Mensch, der nicht beten kann, denn nicht beten ist keine Sünde, sondern eine Strafe. Die tragischste Stunde im Leben des Bescht ist jene, als er zur Strafe seine Gebete vergaß. Der Lohn für das Gebet ist das Gebet. Beten heißt: die Einsamkeit durchbrechen und die Angst vor der Einsamkeit überwinden. Das Gebet ist ein Mittel gegen Leiden und Verfolgung, aber mehr noch gegen die Einsamkeit.

Macht Gebete

Aber in der Gesellschaft in der wir leben, wird es für den modernen Menschen immer schwieriger zu beten. Seine Tragödie liegt darin, dass er den Weltraum erobert, seine Gebete aber vergessen hat.

Das gilt vor allem für die Jugend. In Moskau traf ich am Abend jüdischer Feiertage vor der großen Synagoge in der Archipova eine Gruppe junger Studenten. Sie wussten nicht, was sie beim Gottesdienst in dem überfüllten Raum tun sollten, deshalb fingen sie draußen an zu singen.

Die israelischen Fallschirmjäger, die sich für links und konfessionslos hielten, schienen, als sie im Juni 1967 vor der

Klagemauer in Jerusalem standen, völlig ratlos zu sein. Da sie nicht wussten, was sie sagen sollten, fingen sie an, die Mauer unter Tränen zu küssen.

Hatten sie plötzlich ein religiöses Erlebnis, spürten sie auf einmal ein Bedürfnis nach Glauben oder nach einem bestimmten Ritual? Man könnte vielleicht sagen, dass diese gottfern oder sogar gottfeindlich aufgewachsene Jugend sich plötzlich die Frage nach der Rolle Gottes in ihrem Leben stellt.

Macht Gebete

Aber was ist die Verbindung?" werden Sie mich nun fragen. Glauben Sie mir, sie existiert. Nach Auschwitz führt uns alles nach Auschwitz zurück. Wenn ich von Abraham, Isaak und Jakob erzähle, wenn ich Rabbi Jochanan ben Zakkai und Rabbi Akiba wachrufe, dann deshalb, um sie im Licht von Auschwitz besser zu verstehen. Das Gleiche gilt für den Maggid von Mestrisch und seine Schüler; ich möchte den Schülern seiner Schüler begegnen, indem ich seine verzauberte und verzaubernde Welt wiederaufrichte. Ich liebe es, sie mir lebend vorzustellen, wie sie überschwänglich das Leben und die Hoffnung feiern. Ihre Freude ist für mich so notwendig, wie sie einst für sie selbst notwendig war. Und trotzdem ... Wie ist es ihnen gelungen, sich ihren Glauben unversehrt zu bewahren? Wie konnten sie singen, während sie unterwegs waren, den Engel des Todes zu treffen? Ich kenne Anhänger des Chassidismus, die niemals schwankten. Ich habe Achtung vor ihrer inneren Stärke; ich kenne andere, die sich für die Rebellion, den Protest, den Zorn entschieden haben; ich bewundere ihren Mut. Denn es wird eine Zeit kommen, in welcher nur jene, die nicht an Gott glauben, ihm nicht ihre Wut und ihre Angst entgegenschreien.

Frieden feiern

Man sage nicht, dass Gott damit nichts zu tun habe. Das steht im Gegensatz zu allem, was das Judentum symbolisiert. Gott nimmt im Guten wie im Bösen Anteil am Schicksal des Menschen. Wer ihn für Jerusalem segnet und nicht nach Treblinka fragt, ist schlichtweg ein Heuchler. Gott will am Anfang und auch am entscheidenden Ende unserer Handlungen sein. Er ist Frage und Antwort zugleich. Hier tut sich eine Falle auf, denn ebenso wenig wie man Auschwitz mit Gott verstehen kann, kann man es ohne Gott verstehen. Von daher stellt sich die Frage, ob wir ihm dienen oder ihm unsern Dienst verweigern müssen. Aber beten, als ob nicht geschehen wäre, das wäre doch Feigheit!

Macht Gebete

Gott herausfordern

Die andere Möglichkeit: Wir harren in unseren Gebeten aus und zwingen Gott, seinen Attributen zu entsprechen, wie es Rabbi Mendel von Kozk einmal sagte: „Wir flehen Gott unseren Vater an, flehen ihn so lange an, bis er schließlich unser Vater wird." Man nennt ihn mit anderen Worten so oft gerecht und barmherzig, dass er es am Ende wird. Das bedeutet paradoxerweise, dass er es nicht ist. In diesem Fall ist das Gebet nur eine andere Form der Herausforderung und des Protestes. Man beschwört seine Liebe, weil man an der Abwesenheit seiner Liebe leidet, und weil er Gewalt und Blutvergießen gestattet hat, verherrlicht man seine Güte. Das Gebet erscheint so als ein Mittel, seinen Namen trotz der Massengräber zu heiligen und unsere Segenswünsche hinauszuschreien trotz der blutroten Schatten, die den Horizont verdunkeln. „Aus der Tiefe rufen wir zu Dir", heißt es in den Psalmen. Obwohl wir uns im tiefsten Abgrund befinden, rufen wir zu Dir, verlangen wir nach Dir. Trotz allem, was du deinem Volke getan oder angetan oder mit ihm hast geschehen lassen, singen wir Dein Lob. Je schwerer es ist, desto inbrünstiger wird unser Gesang.

Macht Gebete

Wer ist wie Du unter den Stummen?

Für einen Ungläubigen stellt sich das Problem natürlich nicht. Deshalb scheint uns das Drama des Gläubigen beklemmender und seine Erschütterung tiefer zu sein. Welche Haltung müsste oder könnte er angesichts des Bruchs, den das Reich der Nacht bedeutet, einnehmen?

... Nur in der jüdischen Tradition ist es dem einzelnen Menschen erlaubt, sich gegen den Himmel zu erheben. Von Abraham bis Moses, von Jeremias bis Levi Jitzaak von Berditschew, unter Dichtern und Denkern, unter Gerechten und Weisen, stößt man auf eine ganz beachtliche Anzahl von Aufsässigen, die die Eigenschaften des Herrn und seinen einzigartigen Platz in der Geschichte in Frage stellen. Ein Schüler Rabbi Jischmaels macht sich in einem Wortspiel Luft: „Mi kamocha baelmim adoschem" (Wer ist wie Du unter den Göttern), „al tikra elim ki im ilemim" (Wer ist stumm wie Du; denn Du siehst die Erniedrigung Deiner Kinder und schweigst!)

Für den modernen Menschen ist das Aufbegehren gegen die Wege des Himmels natürlich richtig und bedeutet kein Abweichen von unserer Tradition. Die Mitglieder der *Knesset hagdola*, der zweitausend Jahre alten, höchst angesehenen gesetzgebenden Versammlung, weigerten sich eine Zeit lang, die Eigenschaften Gottes zu nennen. Wenn er groß und mächtig ist, warum lässt er dann den Feind gewähren?

Macht Gebete

Die Pforten öffnen

UdSSR-Erlebnisse:

Woher kommen sie? Wer hat sie geschickt; ihnen den Ort und die Zeit genannt? Wie haben sie erfahren, dass heute Abend das große Ereignis stattfindet … Wer hat ihnen gesagt, dass sich heute Abend vor der Synagoge Tausende versammeln werden, Jugendliche, die einander nicht kennen, nichts oder wenig von ihrem Erbe und dem Judentum wissen, die nur wissen, dass heute Abend das Torafest ist und dass man tanzen und singen und die Schleusen öffnen muss – wer hat ihnen das gesagt?

Trunken und traumverloren mische ich mich unter sie. Dieses wogende Gebrodel, das ich mit allen Sinnen aufnahm, erstaunte und verwirrte mich. Schlagartig war die Traurigkeit, die sich in den vergangenen Wochen in mir aufgestaut hatte, gewichen, auch das Gefühl der Fatalität, das mich plagte und zermalmte. Alles war vergessen: Die Spitzel, die Greise mit den Augen geschlagener Hunde und die Klagen der Bettler. Ich ließ mich treiben: in die Gegenwart, in die Zukunft. Mit einem Schlag hatten sich die Pforten zur Versöhnung und Verheißung geöffnet.

Schon lange nicht mehr hatte ich mich so stark und so stolz gefühlt. Zum Teufel mit den schönen Worten! Ich trank das Glück in vollen Zügen, das Herz schlug zum Zerbrechen.

Alle Flüsse

Ein Jude ist jemand, der singt

Eine junge Frau von stolzem Wuchs erregte meine Aufmerksamkeit. Sie führte einen Sprechchor an; „Wer sind wir?“ fragte sie. „Jewrei“, schrie die Menge, „Juden, wir sind Juden!“ – „Wer waren wir gestern?“ fuhr sie fort. „Jewrei“, kam es aus glühenden Mündern, „Juden waren wir, Juden wollen wir sein.“ Es war, als stimmten alle Juden aus jedem Exil und aus allen Zeiten in diese Zwiesprache voll wahnhafter Besessenheit mit ein. Am Ende näherte ich mich der Wortführerin: „Was wissen Sie vom Judentum?“ fragte ich. „Nicht viel“, gab sie zurück, „nur was mir meine Großeltern erzählt haben.“ – „Aber warum ist es Ihnen dann so wichtig, Jüdin zu sein?“ Sie zuckte mit den Schultern und antwortete nicht. Als ich aber zu einer anderen Gruppe weitergehen wollte, hielt sie mich am Ärmel meines Regenmantels fest: „Sie haben mir eine spannende Frage gestellt“, sagte sie. „Darauf schulde ich Ihnen eine aufrichtige Antwort. Sie wollen wissen, warum ich so gerne Jüdin sein will? Weil ich gern singe, ganz einfach.“ Ich hätte sie vor lauter Freude dafür küssen mögen. Ein Jude ist jemand, der singt: Er singt in dem verplombten Güterwagen, der nachts durch die besetzen Gebiete Europas rollt. Er singt auf dem Weg in die Lubjanka. Er singt, wenn er fröhlich ist, und er singt, wenn er es nicht ist. Er singt, weil er glücklich ist oder das Glück sucht oder auch am Glück verzweifelt. Er wird verfolgt und macht aus seinem Leiden ein Lied. Er wird ausgestoßen und macht aus seiner Einsamkeit ein gesungenes Gebet. „Danke“, sagte ich zu dem Mädchen, „ich werde die Lehre nicht vergessen, die Sie mir eben erteilt haben.“

Alle Flüsse

Mein Großvater kommt immer mehr in meinen Träumen vor. Er hat die Hände hinter dem Rücken gefaltet und geht im Bet ha-Midrasch auf und ab, als suche er jemanden. Er ist allein. Ab und zu bleibt er an einem Pult stehen, greift nach einem Buch und blättert sehr konzentriert darin. Er stellt es an seinen Platz zurück, dann nehme ich das Buch und schlage es auf. Ein Schauer durchläuft mich: Die Seiten sind weiß und verblichen. Ich stoße einen Schreckensschrei aus, doch Großvater bedeutet mir, still zu sein. Und zu ihm zu kommen. Er steht vor dem Altar. Statt der heiligen Schriftrollen, sind Menschen in ihm eingeschlossen. Ich rufe: „Sie sind tot, Großvater! Sie sind ja alle tot!" Mein Großvater nickt, als wollte er sagen: Ja, wir sind alle tot. „Und wo sind die heiligen Schriftrollen, Großvater? Bei den Toten?" Großvater antwortet nicht. Von Panik ergriffen, mache ich auf dem Absatz kehrt und will davonrennen. Ich laufe zur Tür, doch sie ist verschlossen. Ich haste zum Fenster, dahinter erhebt sich eine Mauer. Ein Unbekannter hat sie erklommen, sitzt auf ihr. Ich reiße die Augen auf, um zu erkennen, wer er ist. Es ist mein Großvater. Er hält die heiligen Schriftrollen im Arm. Er wiegt sie, als wären sie seine Enkel. Ich beuge mich vor, will hören, was er singt, dann falle ich, oder vielmehr, ich fühle, dass ich falle, doch ich lande an dem Platz, an dem mein Großvater saß. Ich weiß nicht, wie, aber jetzt halte ich die heiligen Schriftrollen im Arm. Ich möchte sie wiegen, doch ich kenne das Lied nicht, das soeben noch in meinem Traum erklungen war.

… und das Meer

Die jüdische Berufung

Jude sein bedeutet, dem Glauben und der Erkenntnis einen besonderen Platz einzuräumen. Weil er die Gerechtigkeit Gottes erkennt, erhebt sich der Jude gegen die Ungerechtigkeit des Menschen. Weil ein Jude Gott verbunden ist, bleibt es ihm gegeben, Ihm Fragen zu stellen. Weil die Propheten das Volk Israel lieben, dürfen sie es auch züchtigen und seine Könige zurechtweisen. Alles hängt von dem Ort ab, den man einnimmt, sagte mir mein Lehrer. Mit Gott darf man alles sagen. Ohne Gott wird nichts erhört. Ohne Gott ist alles, was man sagt, nicht gesagt. *Alle Flüsse*

Aus einem Gespräch mit François Mauriac:

„Sie sagten, es gebe eine Pflicht zu reden, zu schreiben."

„Ja, das habe ich Ihnen zu bedenken gegeben. Ihr Volk hat schließlich nur durch das Wort und im Wort überlebt."

„Durch wessen Wort?"

„Durch das Wort Gottes."

„Braucht Gott denn die Menschen, um Seinen Willen kundzutun?"

„Es sieht so aus. Sonst hätte er Sie nicht geschaffen. Ist das jüdische Volk nicht Träger Seines Wortes?"

„Wir alle sind gerufen, für Ihn zu zeugen. Aber wie? Die Christen antworten: durch das Leiden. Wir sagen jedoch: durch den treuen Glauben an Ihn."

„Genügt der Glaube allein? Die Juden sind weder die einzigen, die leiden, noch die einzigen, die am Glauben festhalten. Worin unterscheidet sich das jüdische Volk von den anderen?"

„Alle Völker sind verschieden. Jedes auf seine Weise."

„Aber nur das jüdische Volk hat der Welt und ihrer Geschichte den Menschen geschenkt, der fähig und bereit war, alle von sich selbst zu erlösen."

„Jesus von Nazareth? Ich weiß, Sie glauben an ihn. Aber für mich ist er, Sie müssen schon entschuldigen, nicht der Erlöser."

„Für mich ist er es. Ich erkenne ihn an seinem Leiden. An seinen Todesqualen. Und ich gehöre zu ihm, weil er Liebe ist."

„Als Jude muss ich Ihnen antworten, dass Gott allein Liebe ist und dass Gott einzig ist."

„Jeder gläubige Christ würde Ihnen dasselbe antworten: Auch für uns ist Gott einzig und allein Gott. Doch Jesus ist Sein Sohn."

„Alle Menschen sind Seine Kinder."

„Wie kann man dann das Böse erklären?"

„Ich hüte mich vor Erklärungen."

„Und die Nazischlächter, die die jüdischen Kinder ermordeten, die Sie gesehen haben? Waren sie auch Kinder Gottes?"

„Gott allein steht es zu, diese Frage zu beantworten."

„Manchmal stellt Gott lieber Fragen."

„Ich kann Ihnen darauf keine Antwort geben, Maître. Aber ich weiß, dass die Folterknechte und Mörder der Nazis getauft waren."

Langes Schweigen.

„Wir sollten Jesus dafür nicht tadeln", sagt Mauriac mit leiser Stimme, „denn es ist nicht seine Schuld, wenn wir hier unten auf Erden seine Liebe zu uns verraten ..."

„Ich tadle nicht Jesus. Er ist schließlich von den Römern gekreuzigt worden; doch gegenwärtig sind es Christen, die ihn quälen."

Alle Flüsse

Kann jemand fern aller Religion heilig sein? Gibt es ein laizistisches Heiligstes? Wo hört die Verantwortlichkeit des Menschen auf, und wo beginnt die Verantwortung Gottes? Wäre folglich das Dasein ohne Gott absurd? Und kann man es überhaupt ohne Gott oder jenseits von Gott begreifen? Gott als Frage, Gott als Antwort: Welchen Gott soll man nehmen, wem folgen? Ich suche, also bin ich. Ich bin, also suche ich, ich suche den Sinn in der Suche, den ersten und letzten Grund des Daseins. *Alle Flüsse*

7

ERWARTEN –
WENN DER MESSIAS KOMMT

Ein Anhänger klagt dem Meister von Apta sein Elend. „Gott wird dir helfen", sagt der Rabbi – „Ja, gut und schön", meint der Chassid, „aber ... was ist in der Wartezeit?" – „Gott wird dir beim Warten helfen", sagt der Rabbi.

Elie Wiesel: Macht Gebete aus meinen Geschichten

Leben in Erwartung heißt für Elie Wiesel, die Hoffnung nicht aufzugeben. Die Hoffnung, dass der Messias, der Erlöser eines Tages kommen wird, um die Welt zu retten und diejenigen zu richten, für die kein menschliches Gericht Strafe finden kann. Aus dieser Erwartung an den Messias und dem Glauben an dessen Wirken heraus gelingt es Elie Wiesel, nicht selbst dem Hass zu verfallen. Es ist nicht an ihm zu verurteilen, das überlässt er vertrauensvoll ... Aber unermüdlich versucht er das ihm Mögliche zu tun, die Welt ein Stückchen besser zu gestalten. Die Resignation, Apathie und Neutralität umzuwenden in Vertrauen in das Potential der Liebe im Menschen.

Im Judentum gibt es die Idee des Wegbereitens. Dahinter steckt der Gedanke, dass der Mensch mitverantwortlich für die Ankunft des Messias und somit der Erlösung ist. Dies gilt für jeden Einzelnen. Jeder kann und soll mitarbeiten. Leicht verfällt man dabei der Ungeduld, die Ankunft scheint in den heutigen Tagen notwendiger denn je und lässt trotzdem auf sich warten. Wiesel selbst sagt dazu, „die Hauptsache ist, dass man wartet." ... „Warten wir gemeinsam!"

Wer wird uns retten?

Als Kind glaubte ich, dass der Messias uns alle aus der Einsamkeit erlösen würde. Es war Nacht, und ich zitterte vor Angst. Ich betrachtete die Sterne und hörte nichts als das Pochen meines Herzens, das anschwoll von der immer stärker werdenden Angst und von der Erwartung, die ebenfalls stetig wuchs. Dumm wie ich war, war ich überzeugt, dass am Ende der Nacht die Erlösung kommen würde. Aber Satan kam dazwischen, und die Menschen ließen ihm freie Hand. Sie sind seltsam, die Menschen. Den Messias erwarten sie, aber dem Satan folgen sie.

Und doch, und doch … Ich glaube weiterhin fest daran, ich, der Greis, mit einem Fuß im Grab, ich verkünde weiterhin beharrlich, dass die Welt den Messias braucht, dass die Menschheit nicht überleben kann ohne die Hoffnung, dass er eines Tages kommen wird, um sie zu richten und zu befreien – in ihrer Freiheit zu richten –, damit das Spiel ein für allemal ein Ende habe. Er wird kommen, früher oder später. Ach ja, er wird kommen, aber es wird kein Mensch sein, nein, es wird kein Mensch mehr sein, der uns rettet. Die Menschheit verdient es nicht mehr, erlöst zu werden von Gott, sondern von einem Dämon, einem bösen Engel. Die Menschen fordern den Messias, aber der Tod fasziniert sie.

Schwur von Kolvillág

Das Lieblingsgebet des Maggid von Koschnitz – und auch das meine:

„Herr der Welt, wisse, dass die Kinder Israels zu viel leiden; sie verdienen die Erlösung, sie brauchen sie. Wenn Du dies aber aus einem Grund, der mir unbekannt ist, nicht willst, noch nicht willst, dann erlöse doch die anderen Völker, die anderen Nationen, aber schnell!"

Chassidismus – ein Fest

Das Herz des Menschen ist das Herz der Welt. Der Tod des Menschen spiegelt den Tod der Schöpfung wider. Deshalb wird der Messias nicht sterben. Er ist unser Bindeglied zur Ewigkeit.

Obwohl ich an seinen elliptischen Stil gewöhnt war, konnte ich seinen Gedankengängen nicht bis ins Letzte folgen. Ich sagte es ihm, aber er achtete nicht darauf.

„Der Messias", fuhr er fort. „Der Messias. Man sucht ihn, man verfolgt ihn. Man glaubt, er ist im Himmel. Man weiß nicht, dass er gerne herabsteigt, als Kind verkleidet. In Wirklichkeit ist die Kindheit des Menschen messianischer Wesensart. Nur vergnügt man sich heutzutage damit, die Kindheit umzubringen. Es ist also hoffnungslos. Ich verzichte, ich gebe auf."

Schwur von Kolvillág

Die Antwort liegt in deiner Hand

Wo ist Gott? Dort, wo man ihn einlässt." Gott ist dort, wohin wir ihn bringen. Wir können ihn bei der Hand nehmen und ihm die Freunde in der Welt zeigen. Wir können ihn führen und ihm zeigen, was im Menschen unmenschlich ist. Der großartige Gedanke in unserer, der jüdischen Tradition, ist, dass wir Menschen füreinander verantwortlich sind. Wir sind es auch für Gott. Vielleicht hört sich das hochnäsig an, aber es ist es nicht. Es ist der Wille Gottes, dass wir für seine Schöpfung verantwortlich sind, für seine Geschöpfe und für den Schöpfer selbst.

In unserer Tradition sagen wir: Im Blick auf den Messias trifft nicht Gott die Entscheidung. Nicht Gott entscheidet, wann der Messias kommt, sondern der Mensch. Wenn wir die Welt so verändern, dass sie bereit und es wert ist, dann wird der Messias kommen. Dies ist, davon bin ich überzeugt, das entscheidende Bindeglied zwischen dem Menschen und seinem Schöpfer.

Das bedeutet, dass nur der Mensch die Erlösung herbeiführen kann. ... Im Christentum bringt Gott die Erlösung, im Judentum der Mensch, die einzelne Person. Gott erschuf die Welt, und unsere Aufgabe ist es, sie wiederherzustellen und zu erlösen. Dies gibt dem Einzelnen ein riesiges Maß an Verantwortung. Jeder, selbst der Bettler auf der Straße, der Portier, der Taxifahrer, kann das Kommen des Messias beschleunigen.

Trotzdem hoffen

Einem König kam zu Ohren, dass ein weiser Mann in seinem Reich lebte, ein Mann, der alle Sprachen der Welt spreche. Er konnte dem Zwitschern der Vögel lauschen und ihre Lieder verstehen. Er konnte das Aussehen der Wolken deuten und ihren Sinn begreifen. Er konnte auch die Gedanken anderer Menschen lesen. Der König schickte jemanden zu ihm, um ihn in seinen Palast zu bringen. Der Weise kam.

Da sagte der König zu ihm: „Ist es wahr, dass du alle Sprachen kennst?"

„Ja, Majestät."

„Stimmt es, dass du den Vögeln zuhören kannst und ihre Lieder erkennen?"

„Ja, Majestät."

„Und ist es wahr, dass du die Sprache der Wolken verstehst?"

„Ja, Majestät."

„Ist es wahr, dass du die Gedanken anderer Leute lesen kannst?"

„Ja, Majestät."

„Da sagte der König: „In meinen Händen auf dem Rücken halte ich einen Vogel. Sag mir, lebt er, oder ist er tot?"

Der Weise bekam Angst, denn er spürte, was er auch immer sagen würde, der König könnte den Vogel töten. Er blickte den König an und schwieg eine ganze Weile. Schließlich sagte er etwas, was auch ich meinen Lesern sagen möchte:

„Die Antwort, Majestät, liegt in deiner Hand."

Trotzdem hoffen

Der Baal-Schem lehrt

Stellt euch einen Palast mit zahllosen Toren vor", sagte der Baal-Schem zu seinen Anhängern. „Hinter jeder Pforte erwartet ein Schatz den Besucher, der nach Herzenslust daraus schöpfen kann und nicht das Bedürfnis verspürt, weiterzugehen. Trotzdem steht am Ende der Gänge der König bereit, denjenigen seiner Untertanen zu empfangen, der an ihn denkt und nicht an die Schätze."

Chassidismus – ein Fest

Eines Morgens betete der Baal-Schem länger als gewöhnlich. Ermüdet gingen die Schüler weg. Später sagte der Meister melancholisch zu ihnen:

„Stellt euch einen seltenen Vogel im obersten Wipfel eines Baumes vor. Um ihn zu fangen, bildeten Männer eine Räuberleiter, so dass einer von ihnen bis hinauf klettern konnte. Aber jene, die unten standen und den Vogel nicht sahen, verloren die Geduld und gingen nach Hause. Die Leiter brach zusammen – und der seltene Vogel flog davon."

Chassidismus – ein Fest

Zu welchem Zweck

An eine Anekdote über Martin Buber erinnere ich mich besonders gern. Als er einmal vor Priestern über den Unterschied zwischen Juden und Christen sprach, sagte er ungefähr Folgendes: „Wir alle warten auf den Messias; aber Sie glauben, dass er schon einmal da war und wieder gegangen ist, wir nicht. Also schlage ich vor, dass wir gemeinsam warten. Und wenn er dann erscheint, fragen wir ihn: Sind Sie schon einmal hier gewesen? Ich hoffe", fügte Buber hinzu, „dass ich in diesem Augenblick nahe genug bei ihm stehe, um ihm ins Ohr flüstern zu können: ‚Um Himmels willen, antworten Sie bloß nicht!'" *Alle Flüsse*

Im Himmel steht neben dem göttlichen Thron ein besonderer Kelch, in den alle unsere Tränen fließen. Wenn er voll sein wird, wird der Messias kommen.

(Der Dichter Simeon Samuel Frug ruft darüber in einem Lied aus: „Hat dieser Kelch keinen Boden?")

Gezeiten des Schweigens

Eines Tages hatte ich meinem Lehrmeister, Kalman, dem Kabbalisten, die Frage vorgelegt: Zu welchem Zweck hat Gott den Menschen gemacht? Ich verstehe, dass der Mensch Gott nötig hat. Aber was kann der Mensch Gott geben?

Mein Lehrer schloss die Augen, und tausend Wunden, versteinerte Adern, die eine fürchterliche Wahrheit durchirrte, verzweigten sich labyrinthisch auf seiner Stirn.

Nach einigen Minuten der Sammlung trat ein sehr zartes, sehr fernes Lächeln auf seine Lippen.

„Die Heilige Schrift lehrt“, sagte er, „dass, wenn der Mensch sich seiner Macht bewusst wird, er dadurch den Glauben oder den Verstand verliert. Denn der Mensch trägt eine Kraft in sich, die ihn übersteigt. Gott braucht ihn, um *eins* zu sein. Der Messias, dazu berufen, den Menschen zu erlösen, kann nur durch ihn erlöst werden. Nun wissen wir, dass nicht nur Mensch und Welt, sondern auch derjenige erlöst wird, der ihre Gesetze und Beziehungen eingesetzt hat. Daraus ergibt sich, dass das Menschenwesen – eine Handvoll Erde – imstande ist, die Zeit mit ihrem Ursprung zu vereinen und Gott sein Ebenbild zurückzugeben.“ … Ja, Gott braucht den Menschen. Zur ewigen Einsamkeit verurteilt, hat er den Menschen einzig und allein gemacht, damit dieser ihm als Spielzeug diene und ihn zum Lachen bringe.

Der Tag

Wenn der Messias kommt

Eine Geschichte über den letzten Rabbi Kretchnew:

Es steht geschrieben, sagte er, dass, wenn der Messias kommt, Gott, gesegnet sei Sein Name, ein *machol,* ein Tag für die Gerechten, aufführen wird. *Machol,* sagte der Rabbi, könnte auch von dem Verb *limchol* kommen: vergeben. Eine Zeit wird kommen, sprach der Rabbi von Kretchnew, dann werden die Gerechten Gott vergeben, gesegnet sei Sein Name.

Noah

Die Schatten der Chassidim schweben vor den Wänden und stimmen in den Gesang des Rabbi ein, übertönen ihn jedoch nicht. Ihr Gesang, von zarter, reiner Schwermut, tönt von weither. Der Schabbat enteilt, man will ihn nicht ziehen lassen. Man sucht, ihn zurückzuhalten, ihn zu verlängern. Denn die Zeit des Schabbat unterscheidet sich von der Zeit der Woche. Gemacht aus Freude und Fülle, schenkt sie den Gequälten Frieden, Hoffnung den hoffnungsmüden Herzen. Die Wochenzeit ist nicht aus Hoffnung geschnitten. Wenn der Messias kommen wird, werden alle Tage der Woche sich auflösen, und übrig bleiben wird nur der Schabbat. Daher ist der Gesang des Rabbi auch so traurig, und seine Stimme klingt so gebrochen. Der Schabbat vergeht, und das bedeutet, dass auch in dieser Woche der Messias noch nicht kommen wird.

Gezeiten des Schweigens

Das Wichtigste

Der Maggid von Koschnitz erzählte:

„Eingedenk des Talmudwortes, wonach es genügt, dass alle Menschen bereuen, damit der Messias komme, beschloss ich, in diesem Sinn auf sie einzuwirken. Ich war sicher, dass es mir gelingen würde. Aber wo beginnen? Die Welt ist so groß. Ich würde mit dem Land anfangen, das ich am besten kannte: mit meiner Heimat: Aber es ist riesengroß, mein Land. Gut, beginne ich also mit der Stadt, die mir am nächsten liegt: mit meiner Stadt. Aber sie ist groß, meine Stadt, ich kenne sie kaum. Schön, ich fange also in meiner Straße an. Nein: mit meinem Haus. Nein: mit meiner Familie. Also gut, ich werde mit mir selbst anfangen."

Chassidismus – ein Fest

Sie warten auf den Messias", sagte ich zu ihm, „ich auch. Ich warte in New York auf Ihn, Sie hier, eigentlich kann man überall auf Ihn warten; das Wichtigste ist doch, dass man es überhaupt tut."

Alle Flüsse

Ich glaube, ich weiß eines: Niemand hat das Monopol über die Wahrheit. Wir haben jeder unseren eigenen Weg, der zur Wahrheit führt. Und was wir tun können ist, wenn wir auf unserem Wege gehen, unsere Hände auszustrecken und mit jemandem gemeinsam zu gehen. Und das tun wir.

Worte

Anhang

GLOSSAR

QUELLENVERZEICHNIS

Glossar

[Rabbi] Akiba: Märtyrer unter Hadrian nach dem Aufstand unter Bar Kochba (Führer des zweiten großen Aufstandes der Juden Palästinas gegen die Römerherrschaft 132–135).

Ayeka (hebräisch „wo bist du?"): Frage Gottes an Adam, nachdem dieser sich vor Gott versteckt hatte nachdem er von einer Frucht des Baums der Erkenntnis aß.

Barmizwa (hebräisch „Gesetzespflichtiger", eigentlich „Sohn des Gebots"): Bezeichnung für einen Jungen, der mit der Vollendung des 13. Lebensjahres „für die Gebote befähigt" am öffentlichen religiösen Leben teilnimmt.

Bet ha-Midrasch: jüdisches Lehrhaus, schon z. Zt. des Zweiten Tempels (520–516 v. Zt. gebaut, 70 n. Zt. zerstört) bezeugt.

Chassidismus: mystisch-religiöse, jüdische Bewegung, die um die Mitte des 18. Jahrhunderts in Südostpolen entstanden ist und von dort aus schnell Verbreitung in der Ukraine, Galizien, Zentralpolen, Weißrussland und Ungarn fand.

Chassid: Anhänger des Chassidismus.

Cheder: Jüdische Grundschule, wird bis Ende des achten Lebensjahres besucht, bevor die Kinder in die Talmud-Tora-Schule gehen.

Diaspora/Exil: Bezeichnung für jüdisches Leben außerhalb des Landes Israel.

Din-Toive: rabbinisches Tribunal (din, hebräisch „Recht").

Hillel: Bildete zusammen mit Schammai das letzte der fünf Paare (= Sugot, Bezeichnung für fünf Generationen paarweise genannter Gelehrter). Zwischen den beiden herrschte eine Kontroverse über die Speise- und levitischen Reinheitsgebote.

[Rabbi] Ischmael: Rabbiner der mischnaischen Zeit (2. Jh. n. Z.), deren durch ständiges Wiederholen tradierte Lehre autoritativ gilt.

Jeschiva: Eine Art Oberschule oder Talmudhochschule, die jedem Juden ab dem 13. Lebensjahr offen steht.

Kabbala (hebräisch „Überlieferung"): jüdische Mystik und Geheimlehre seit dem 12. Jh.

Kaddisch (der Trauernden): Gebet der Trauernden und Waisen, das nach dem Trauerfall elf Monate lang und dann jährlich am Todestag am Ende jedes Gottesdienstes gesprochen wird.

Knesset (Versammlung): heute: das in allgemeinen, gleichen und geheimen Wahlen auf vier Jahre gewählte Einkammerparlament in Israel.

Lamed Wawnik: Einer der sechsunddreißig Gerechten jeder Generation, die unerkannt in der Welt leben sollen und um derentwillen die Welt Bestand hat.
Maariw-Gebet: Abendgebet.

Maggid („Erzähler"): Wanderprediger, die vor allem in der osteuropäischen Diaspora auftraten (16.–19. Jh).

Menasche: Leidensgefährte Wiesels im KZ Buchenwald.

Messias (hebräisch „der Gesalbte“): gesalbter König Israels, der am Ende der Zeiten auftreten wird um Heil und Verdammnis zu verkünden.

Midrasch: Bezeichnung für die rabbinische Auslegung der Bibel.

Mincha-Gebet (hebräisch „Mittaggebet“): das zweite von drei Gebeten, die jeder Jude täglich verrichten muss.

Purim: Fest zur Erinnerung an die Rettung der Juden vor dem Perserkönig Hamam (vgl. biblisches Buch Ester). Freudenfest mit Verkleidungen und Spielen.

Rabbi/Rabbiner (hebräisch „mein Meister“): nimmt Aufgaben des Lehrers, Richters (Dajan), Predigers, Leiter einer Gemeinde wahr.

Rebbe: Anrede eines chassidischen Meisters.

Sabbat, Schabbat, Schabbes (hebräisch, „Schabbat“, „Ruhe“): der siebte Tag der Woche und der Schöpfung. Ruhetag zur Erinnerung an das Ruhen Gottes nach der Erschaffung der Welt.

Satan: zumeist persönlicher oder politischer Widersacher Einzelner, in der hebräischen Bibel Ankläger vor Gott, selbstständig, aber dennoch in Gottes Auftrag handelnd.

Schammai: Bildete zusammen mit Hillel das letzte der fünf Paare (= Sugot, Bezeichnung für fünf Generationen paarweise genannter Gelehrter). Zwischen den beiden herrschte eine Kontroverse über die Speise- und levitischen Reinheitsgebote.

Sch^e^ma Israel (hebräisch): Anfang des Schriftverses „Höre, Israel, der Herr, unser Gott, der Herr ist einer/einzig" (Dtn 6,4), wird täglich im Gebet rezitiert.

Schemone Essre: Achtzehnbittengebet, heute allgemein Bezeichnung für den Hauptbestandteil des Synagogengottesdienstes.

Schtetl, Stätel: jüdische Kleinstadtgemeinden in Osteuropa, in denen Juden meist Privilegien des jeweiligen Herrschers gewährt wurden, so beispielsweise die Religionsfreiheit, die kommunale Selbstverwaltung, etc.. Im Schtetl konnten die Juden ihrer Religion gemäß leben, waren aber dennoch von der nichtjüdischen Umwelt abgetrennt.

Sidur: Jüdisches Gebetsbuch für den Alltag; das Gebetbuch für die Festtage heißt *Machsor*.

Sinai: Wüste, Halbinsel zwischen dem Golf Aqaba und dem Golf von Suez. Horeb, auf dieser Insel gelegen, wird als der Berg vermutet, auf dem Mose von Gott die Zehn Gebote empfangen hat.

Sodom: Biblische Stadt voll Sünde und Gotteslästerung.

Synagoge: Versammlungsort der jüdischen Gemeinde.

Talmud: Sammlung von Kommentaren, Ausführungen, Diskussionen. In den Akademien von Palästina und Babylon entstanden.

Tora: das jüdisches Religionsgesetz, biblisch auch die Unterweisung oder Lehre von einzelnen. Die fünf Bücher Mose der Bibel sind die sogenannte „schriftliche Tora".

Zaddik (hebräisch „Gerechter"): biblisch derjenige, der nach dem Gesetz lebt und gerecht handelt. Im Talmud derjenige, der über die Erfüllung des Gesetztes hinausgeht. Im Chassidismus gilt der Zaddik als Vermittler zwischen Mensch und Gott.

Quellennachweis

ELIE WIESEL: Alle Flüsse fließen ins Meer. Autobiographie. Übersetzt von Holger Fock, Brigitte Große und Sabine Müller. Hoffmann und Campe Hamburg [2]1995. © 1994 by Elirion Associates Inc.
[Alle Flüsse 12: 18 | 18f.: 21 | 12f.: 30 | 52: 33 | 523: 47f. | 143: 71 | 310: 77 | 368f.: 79 | 376: 84 | 117f.: 84 | 487: 84 | 149: 85 | 28: 89f. | 199: 106 | 524: 129 | 524f.: 130 | 539f.: 132 | 366f.: 132f. | 251f.: 134 | 502: 142 | 517: 145]

ELIE WIESEL: ... und das Meer wird nicht voll. Autobiographie 1969–1996. Übersetzt von Holger Fock und Sabine Müller, Hoffmann und Campe Hamburg 1994, zit. nach der Taschenbuchausgabe Siedler Verlag 1999. © by Elirion Associates Inc.
[... und das Meer 9: 33f. | 71: 51 | 10: 52 | 108: 83 | 66: 99f. | 40: 116 | 33: 133f.]

ELIE WIESEL: Adam oder das Geheimnis des Anfangs. Brüderliche Urgestalten. © Verlag Herder GmbH Freiburg 1980. © der Originalausgabe Edition du Seuil, Paris.
[Adam 13: 18; 22 | 9: 36 | 127: 45 | 229: 63 | 44: 94]

ELIE WIESEL: Macht Gebete aus meinen Geschichten. Essays eines Betroffenen. © Verlag Herder GmbH Freiburg [2]1986. © der Originaltexte: Elirion Associates Inc./ Editions du Seuil, Paris.
[Macht Gebete 7: 18f. | 9: 19 | 8: 19f. | 15: 23; 27 | 13: 23f. | 28: 27 | 30: 28 | 16: 42f. | 11: 43 | 41: 66 | 26f.: 116f. | 27–29: 118f. | 29f.: 120f. | 32: 121 | 33: 122 | 33f.: 124 | 25f.: 124f. | 39: 126 | 41: 127 | 40f.: 129]

ELIE WIESEL: Geschichten gegen die Melancholie. Die Weisheit der chassidischen Meister. Übersetzt von Hanns Bücker. Verlag Herder GmbH Freiburg 1984. © Editions du Seuil, Paris
[Geschichten gegen die Melancholie 115f.: 22 | 140: 29 | 141: 44 | 115: 45 | 118: 46 | 142: 47 | 80f.: 62 | 74: 68f. | 21f.: 70]

ELIE WIESEL: Die Pforten des Waldes: Ullstein Taschenbuch 1986. © Editions du Seuil, Paris.
[Pforten des Waldes 216f.: 25 | 249f.: 85]

ELIE WIESEL: Der Schwur von Kolvillág. Übersetzt von Margarete Venjakob. © Europa Verlag Wien 1976
[Schwur von Kolvillág 123: 29 | 58f.: 76 | 62: 76f. | 97: 94 | 71f.: 137 | 127: 138]

ELIE WIESEL: Gezeiten des Schweigens. Übersetzt von Curt Meyer-Clason. © Verlag Herder GmbH Freiburg 1987. © der Originalausgabe: Editions du Seuil, Paris.
[Gezeiten des Schweigens 15: 31 | 176: 38 | 53: 44 | 115: 44 | 12f.: 49 | 11: 70 | 46f.: 123 | 164f.: 142 | 48: 144]

ELIE WIESEL: Der Tag, in: Ders., Die Nacht zu begraben, Elischa. © 1961 by Editions du Seuil, Paris. Der deutschen Ausgabe beim Bechtle Verlag, München und Esslingen 1962 in der Übersetzung von Curt Meyer-Clason. © 2005 by LangenMüller in der F. A. Herbig Verlagsbuchhandlung GmbH, München.
[Der Tag 257f: 32f. | 301f.: 56f. | 312f.: 98 | 267f.: 142f.]

ELIE WIESEL: Die Nacht, in: Ders., Die Nacht zu begraben, Elischa. © 1958 by Editions du Minuit, Paris. Der deutschen Ausgabe beim Bechtle Verlag, München und Esslingen 1962 in der Übersetzung von Curt Meyer-Clason. © 2005 by LangenMüller in der F. A. Herbig Verlagsbuchhandlung GmbH, München, zitiert nach der Taschenbuchausgabe Verlag Herder GmbH Freiburg ^{4}1996
[Die Nacht 56: 35 | 18f.: 114f.]

ELIE WIESEL/ALBERT FRIEDLANDER: Die sechs Tage der Schöpfung und der Zerstörung. Ein Hoffnungsbuch. Übersetzt von Reinhold Boschki. Verlag Herder GmbH Freiburg 1992. © by Elirion Associates Inc.
[Sechs Tage der Schöpfung 79f.: 36 | 68f.: 86f. | 77: 93]

ELIE WIESEL: Den Frieden feiern, hg. Reinhold Boschert-Kimmig. © Verlag Herder GmbH Freiburg 1991. © der Originaltexte: Elirion Associates Inc.

[Frieden feiern 36: 43; 45 | 100: 64f. | 37f.: 67 | 41f.: 80f. | 35f.: 87f. | 35: 89 | 29: 91 | 128f.: 92 | 26f.: 127f.]

ELIE WIESEL: Der Vergessene. Übersetzt von Hanns Bücker. Verlag Herder GmbH Freiburg 1990. © by Elirion Associates Inc.
[Der Vergessene 7f.: 109f.]

ELIE WIESEL: Der Prozeß von Schamgorod, (so wie er sich am 25. Februar 1649 abgespielt hat). Übersetzt von Alexander de Montléart. Verlag Herder GmbH Freiburg 1987. © Editions du Seuil, Paris.
[Prozeß von Schamgorod 40-42: 58f.]

ELIE WIESEL: Noah oder ein neuer Anfang. Biblische Portraits. Übersetzt von Reinhold Boschki. © Verlag Herder GmbH Freiburg 1994. © der Originaltexte: Elirion Associates Inc.
[Noah 52f.: 91f. | 169: 144]

ELIE WIESEL: Chassidismus – ein Fest fürs Leben. Legenden und Portraits. Übersetzt von Margarete Venjakob. © Verlag Herder GmbH Freiburg 1988. © der Originalausgabe: Editions du Seuil, Paris.
[Chassidismus ein Fest 133: 138 | 38: 141 | 39: 141 | 134f.: 145]

ELIE WIESEL: Chassidische Feier. Übersetzt von Margarete Venjakob © Europa Verlag Wien GmbH 1974.

EKKEHARD SCHUSTER / REINHOLD BORCHERT-KIMMIG: Trotzdem hoffen. Mit Johann Baptist und Elie Wiesel im Gespräch. © Matthias-Grünewald-Verlag der Schwabenverlag AG Ostfildern 1993.
[Trotzdem hoffen 91f.: 100 | 94: 139 | 104f.: 140]

ELIE WIESEL: Anfang vom Ende, zitiert nach: Dagmar Mensink / Reinhold Boschki: Das Gegenteil von Gleichgültigkeit ist Erinnerung. Versuche zu Elie Wiesel. © Matthias-Grünewald-Verlag der Schwabenverlag AG Ostfildern 1995.
[Anfang vom Ende 41f.: 108]

ELIE WIESEL: Jenseits des Schweigens, zitiert nach: Dagmar Mensink / Reinhold Boschki: Das Gegenteil von Gleichgültigkeit

ist Erinnerung. Versuche zu Elie Wiesel. © Matthias-Grünewald-Verlag der Schwabenverlag AG Ostfildern 1995.
[Jenseits des Schweigens 10: 16]

Elie Wiesel: Wiederbegegnung mit Auschwitz, zitiert nach: Benedikt XVI.: Wo war Gott? Die Rede in Auschwitz. Mit Beiträgen von Elie Wiesel u. a. Verlag Herder GmbH Freiburg 2006. © by Elirion Associates Inc.
[Wiederbegegnung mit Auschwitz 23-28: 102–105]

François Mitterrand / Elie Wiesel: Nachlese. Erinnerungen, zweistimmig. Übersetzt von Aglaia Citron. Hoffmann und Campe Hamburg 1996. © by Elirion Associates Inc.
[Nachlese 13: 18]

Elie Wiesel: [Texte], in: Eugen Kogon / Johann Baptist Metz: Gott nach Auschwitz. Dimensionen des Massenmordes am jüdischen Volk. Verlag Herder GmbH Freiburg 1979. © Elirion Associates Inc.
[Gott nach Auschwitz 23f.: 43 | 48: 51 | 29: 101 | 21: 106]

Elie Wiesel: [Texte], in: Olaf Schwencke: Erinnerung als Gegenwart. Elie Wiesel in Loccum. Loccum 1987. © Elirion Associates Inc.
[Erinnerung als Gegenwart 103: 25f. | 117–119: 60f. | 126: 67 | 138f.: 77f. | 98f.: 82f. | 60: 89f. | 75: 91 | 198f.: 108]

Elie Wiesel: [Texte], in: Ders., Worte wie Licht in der Nacht. Herausgegeben von Rudolf Walter. Verlag Herder GmbH Freiburg ²1987.
[Worte 105: 24 | 38: 37 | 55: 37 | 115: 48; 67 | 107: 50 | 118: 63 | 76: 64 | 119: 67 | 117: 68 | 123: 85 | 204: 98 | 121: 108 | 125: 145]

Wir danken allen Rechteinhabern, die für diesen Band Abdruckgenehmigungen erteilten.
Wo Rechteinhaber nicht ausfindig gemacht werden konnten, bleiben Honoraransprüche bestehen.

Bibliothek der Spiritualität

Benedikt XVI.
Liebe – Entdecke, was dich leben lässt
Hg. von Holger Zaborowski und Alwin Letzkus
Band 5952

Dalai Lama
Mitgefühl – Öffne dein Herz
Hg. von Ulla Bohn
Band 5950

Anselm Grün
Vertrauen – Spüre das Leben
Hg. von Anton Lichtenauer
Band 5960

Dorothee Sölle
Mut – Kämpfe und liebe das Leben
Hg. von Bettina Hertel
Band 5949

Ilija Trojanow
Sehnsucht – Mach dich auf den Weg
Hg. von Fatma Sagir
Band 5956

Desmond Tutu
Versöhnung – Sei wahr und werde frei
Hg. von Angela Krumpen
Band 5954